# 制度自信与大国治理

于建荣　孙自俭　逯士博｜编著

红旗出版社

红旗出版社
RED FLAG PRESS
推动进步的力量

**图书在版编目(CIP)数据**

制度自信与大国治理 / 于建荣，孙自俭，逯士博编著 .
—北京：红旗出版社，2019.12
ISBN 978-7-5051-3507-9

Ⅰ . ①制…　Ⅱ . ①于… ②孙… ③逯… Ⅲ . ①中国特色社会主义－社会主义制度－研究②国家－行政管理－研究－中国　Ⅳ . ① D621 ② D630.1

中国版本图书馆 CIP 数据核字（2020）第 012259 号

书　　名　制度自信与大国治理
编　　者　于建荣　孙自俭　逯士博
出 品 人　唐中祥
总 监 制　褚定华
责任编辑　廖晓文　　　　封面设计　欧阳叔冰
责任校对　徐　芳　　　　印　　制　李先珍
出版发行　红旗出版社　　地　　址　北京市沙滩北街 2 号
邮政编码　100727　　　　编 辑 部　010-51631925
发 行 部　010-57270296
印　　刷　天津中印联印务有限公司
开　　本　787 毫米 ×1092 毫米　1/16
字　　数　180 千字　　　印　　张　13
版　　次　2020 年 4 月第 1 版　　2020 年 4 月第 1 次印刷
ISBN　978-7-5051-3507-9　　定　　价　46.00 元

欢迎品牌畅销书项目合作　　联系电话：010-57274627

# 前　言

“小智治事，中智治人，大智治制。”这是治国理政的大智慧。推进国家治理体系和治理能力现代化是党的十八届三中全会首次明确提出、党的十九届四中全会持续发力的重大战略任务，是全面深化改革总目标的重要内容，是为中国人民谋幸福、为中华民族谋复兴的战略举措，是贡献给全球治理的中国智慧和中国方案，是中国共产党人的不懈探索和追求。

以毛泽东同志为主要代表的中国共产党人，创立毛泽东思想，制定中国人民政治协商会议共同纲领和新中国第一部宪法，确立国家基本制度，清醒提出“我国的社会主义制度还刚刚建立，还没有完全建成，还不完全巩固”。首先提出社会主义现代化、改革等问题，探索国家治理道路，奠定了国家治理体系和治理能力现代化的基础。

以邓小平同志为主要代表的中国共产党人，创立邓小平理论，确立社会主义初级阶段基本路线，开启改革开放，实施“三步走”社会主义现代化发展战略，改革完善社会主义制度，提出“领导制度、组织制度问题更带有根本性、全局性、稳定性和长期性。”“治理国家，这是一个大道理，要管许多小道理。”“中央定了措施，各地各部门就要坚决执行，不但要迅速，而且要很有力，否则就治理不下来。”“只要全国人民思想统一，治理也不难。”“恐怕再有三十年的时间，我们才会在各方面形成一整套更加成熟、更加定型的制度。在这个制度下的方针、政策，也将更加定型化。”等重要论述，开启了国家治理体系和治理能力现代化新道路。

以江泽民同志为主要代表的中国共产党人，创立“三个代表”重要思想，确立社会主义初级阶段基本纲领，总结社会主义初级阶段基本经验，推进改革开放，创建社会主义市场经济新体制，开创全面开放新局面，推进党的建设新的伟大工程，提出“国民经济是一个有机整体，要实现上述目标，解决平均主义和收入差距过大问题，不能就分配抓分配，而要综合治理，从深化配套改革上找出路。”“没有稳定的局面，经济的治理整顿和深化改革、推进社会主义现代化建设，都无从谈起。”“为了治理松散，促进部队稳定，军事工作要重点抓紧抓好部队的管理和训练。”“坚持党的群众路线，搞好计划生育‘三结合’，综合治理人口控制方面存在的问题。”“如果在发展中不注意环境保护，等到生态环境破坏了以后再来治理和恢复，那就要付出更沉重的代价，甚至造成不可弥补的损失。”“一个社会治理得好不好，既同法制完备程度有很大关系，也同人们的思想道德文化素质有很大关系。”“依法治国，是党领导人民治理国家的基本方略。”“公司法人治理结构是现代公司制度的核心。”“领导我们这么大一个党，治理这么大一个国家，建设这么大一支军队，必须有一个团结统一的核心，这是一条历史规律。”“治国必先治党，治党务必从严。”“治理国家是一个复杂的系统工程，必须统筹兼顾、多管齐下。”“不读点历史，不了解中国历史和外国历史，不知道历史和现实的联系，不掌握中外历史上的成功和失败、经验和教训，怎么治理社会、治理国家啊？”“在现代国家中，国家政权作为政治上层建筑，包括立法、行政、司法和军队、警察等机关，一定的阶级、一定的政党通过掌握它们来贯彻自己的路线方针政策，进行政治统治和社会治理。任何一个政权，都必须掌握一定的经济和物质力量，都需要有与之相适应的经济基础来提供这种经济和物质力量，否则便不能存在和发生作用。”“我们在建设有中国特色社会主义、发展社会主义市场经济的过程中，要坚持不懈地加强社会主义法制建设，依法治国，同时也要坚持不懈地加强社会主义道德建设，以德治国。对一个国家的治理来说，法治和德治，从来都是相辅相成、相互促进的。二者缺一不可，也不可偏废。法治属于政治建设、属于政治文明，德治属于思想建设、属于精神文明。二者范畴不同，但其地位和功能都是非常重要的。”“坚持标本兼治、综合治理的方针，从思想上筑牢拒腐防变的堤坝，同时通过体制创新努力铲除腐败现象滋生的土壤和条件，加大从源头上预防和解决腐败问题的力度。”“人口、资源、环境工作要切实纳入依法治理的轨道”等重要论述，开拓了国家治理体系和治理能力现代化道路。

以胡锦涛同志为主要代表的中国共产党人，创立科学发展观，着力推动科学发展、促进社会和谐，完善社会主义市场经济体制，提出“加强农村环境治理，推动农村加快改变面貌。”“推进政治文明建设，最根本的是要坚持党的领导、人民当家作主和依法治国的有机统一。”“社会管理机制涉及方方面面，要统筹安排，逐项加强，同时要注意加强各种社会管理机制之间的衔接，形成对全社会进行有效覆盖和全面管理的体系。”“全面落实依法治国基本方略。加快建设社会主义法治国家，树立社会主义法治理念，弘扬法治精神，坚持科学立法、民主立法，完善中国特色社会主义法律体系，加强宪法和法律实施，推进依法行政，坚持执法为民，深化司法体制改革，实现国家各项工作法治化，维护社会公平正义，完善制约和监督机制，建立健全决策权、执行权、监督权既相互制约又相互协调的权力结构和运行机制，完善各类公开办事制度，切实保障人民的经济、政治、文化、社会权益。”“积极参加应对国际金融危机国际合作，推进区域和双边经贸合作，推动世界经济治理机制改革，旗帜鲜明地反对各种形式的保护主义，维护我国发展利益和经济安全。”“要坚持发挥党总揽全局、协调各方的领导核心作用，提高党科学执政、民主执政、依法执政水平，保证党领导人民有效治理国家。”等重要论述，在国家治理体系和治理能力现代化道路上继续前行。

党的十八大以来，以习近平同志为核心的党中央，面对百年未有大变局，立足新时代，肩负民族复兴的神圣职责，作出全面深化改革的战略决策，提出“全面深化改革的总目标是完善和发展中国特色社会主义制度，推进国家治理体系和治理能力现代化。”“推进国家治理体系和治理能力现代化，必须完整理解和把握全面深化改革的总目标，这是两句话组成的一个整体，即完善和发展中国特色社会主义制度、推进国家治理体系和治理能力现代化。我们的方向就是中国特色社会主义道路。”“真正实现社会和谐稳定、国家长治久安，还是要靠制度，靠我们在国家治理上的高超能力，靠高素质干部队伍。我们要更好发挥中国特色社会主义制度的优越性，必须从各个领域推进国家治理体系和治理能力现代化。”“推进国家治理体系和治理能力现代化，就是要适应时代变化，既改革不适应实践发展要求的体制机制、法律法规，又不断构建新的体制机制、法律法规，使各方面制度更加科学、更加完善，实现党、国家、社会各项事务治理制度化、规范化、程序化。要更加注重治理能力建设，增强按制度办事、依法办事意识，善于运用制度和法律治理国家，把各方面制度优势转化为管理国家的效能，提高党科学执政、民主执政、依法执政水平。”“从形成更加成熟更加定型的制度看，我国社会主义实践的前半程已经走过了，前半程我们的主要历史任务是建立社会主义基本制度，并在这个基础上进行改革，现在已经有了很好的基础。后半程，我们的主要历史任务是完善和发展中国特色社会主义制度，为党和国家事业发展、为人民幸福安康、为社会和谐稳定、为国家长治久安提供一整套更完备、更稳定、更管用的制度体系。这项工程极为宏大，零敲碎打调整不行，碎片化修补也不行，必须是全面的系统的改革和改进，是各领域改革和改进的联动和集成，在国家治理体系和治理能力现代化上形成总体效应、取得总体效果。”“制度执行力、治理能力已经成为影响我国社会主义制度优势充分发挥、党和国家事业顺利发展的重要因素。只有以提高党的执政能力为重点，尽快把我们各级干部、各方面管理者的思想政治素质、科学文化素质、工作本领都提高起来，尽快把党和国家机关、企事业单位、人民团体、社会组织等的工作能力都提高起来，国家治理体系才能更加有效运转。”“深化党和国家机构改革是对党和国家组织结构和管理体制的一次系统性、整体性重构。我们整体性推进中央和地方各级各类机构改革，重构性健全党的领导体系、政府治理体系、武装力量体系、群团工作体系，系统性增强党的领导力、政府执行力、武装力量战斗力、群团组织活力，适应新时代要求的党和国家机构职能体系主体框架初步建立，为完善和发展中国特色社会主义制度、推进国家治理体系和治理能力现代化提供了有力组织保障。”“深化国家监察体制改革是贯彻党的十九大精神、健全党和国家监督体系的重要部署，是推进国家治理体系和治理能力现代化的一项重要改革。”“全党要坚定道路自信、理论自信、制度自信、文化自信，继续沿着党和人民开辟的正确道路前进，不断推进国家治理体系和治理能力现代化。”“我们积极推动建设开放型世界经济、构建人类命运共同体，促进全球治理体系变革，旗帜鲜明反对霸权主义和强权政治，为世界和平与发展不断贡献中国智慧、中国方案、中国力量。”等重要论述，特别是在新中国成立 70 周年的重要历史时刻、决胜全面建成小康社会收官阶段、实现中华民族伟大复兴关键时期，党的十九届四中全会作出《中共中央关于坚持和完善中国特色社会主义制度、推进国家治理体系和治理能力现代化若干重大问题的决定》，集中概括我国国家制度和国家治理体系的十三个方面显著优势，明确坚持和完善中国特色社会主义制度、推进国家治理体系和治理能力现代化的总体目标，深刻阐述坚持和完善中国特色社会主义制度的根本制度、基本制度、重要制度，提升治理能力的任务和要求，把对国家治理体系和治理能力现代化的认识提升到新水平，开启了国家治理迈向现代化的新境界。天下大治是古往今来治国者的梦想追求，中国特色社会主义是中国发展的必由之路。坚持和完善中国特色社会主义制度，推进国家治理体系和治理能力现代化，用现代化“化”出现代的国家治理体系，“化”出现代的治理能力，“化”出伟大的社会革命，“化”出中国特色社会主义的光明前景，“化”出中华民族的伟大复兴和长治久安，是时代赋予共产党人的神圣职责。

积近百年党领导革命、建设、改革的经验，积 70 多年党治国理政的经验，遵循共产党执政规律、社会主义建设规律和人类社会发展规律，我们在国家治理体系和治理能力现代化的道路上迈出了坚实的步伐，国家治理体系的四梁八柱基本形成，中国特色社会主义制度更加完善，国家治理体系和治理能力现代化水平明显提高，依据制度推进国家治理的成效令世人瞩目，但我们的制度体系还存在着需要完善的地方，制度执行力、治理能力还需要提升，国家治理体系和治理能力现代化还在路上，要顺应时代潮流，适应我国社会主要矛盾变化，统揽“四个伟大”、实现“两个一百年”奋斗目标，不断满足人民对美好生活新期待，战胜前进道路上的各种风险挑战，必须在坚持和完善中国特色社会主义制度、推进国家治理体系和治理能力现代化上下更大功夫。

我们坚持以习近平新时代中国特色社会主义思想为指导，进一步探讨了国家治理体系和治理能力现代化的基本内涵，推进国家治理体系和治理能力现代化的重要意义，国家治理体系和治理能力的决定因素，国家治理体系和治理能力现代化的方向目标，推动中国特色社会主义制度更加成熟更加定型、完善巩固和优越性充分展现，提高运用中国特色社会主义制度有效治理国家的能力，培育国家治理体系和治理能力现代化的价值基础，培育国家治理体系和治理能力现代化的文化基础等问题，以期对广大党员干部学习贯彻党和国家最新文件精神，正确认识国家治理体系和治理能力现代化问题，科学推进我国国家治理体系和治理能力现代化有所帮助。

# 目　录

CONTENTS

CHAPTER



# 第一章

# 国家治理体系和治理能力现代化的基本内涵

党的十九届四中全会明确提出："坚持和完善中国特色社会主义制度、推进国家治理体系和治理能力现代化，是全党的一项重大战略任务。"正确地把握国家治理体系和治理能力现代化的基本内涵，科学认识其各个要素之间的内在联系以及现代化的基本要求，是推进国家治理体系和治理能力现代化的重要前提。

# 何谓国家治理体系

国家不是“君权神授”，也不是上天所赐，而是人类社会发展到阶级社会的产物，是阶级统治的工具，是上层建筑的核心。马克思主义按照社会各阶级在国家中的地位，即所谓国体，国家可以分为剥削阶级国家和无产阶级国家两种基本类型，前者又有奴隶主阶级专政国家、封建阶级专政国家和资产阶级专政国家三种形态。其基本特征是：国家是一种特殊的公共权力机关，构成这种权力机关的主要工具是常任官吏、军队、警察、法庭、监狱等，军队是国家的主要成分；按地域来划分国家统治下的国民；依靠征收赋税维持国家权力机关运转。其基本职能是：对内调整阶级关系，化解社会矛盾，巩固经济基础，维护阶级统治；对外防范外敌入侵，调整国家关系，保卫本国利益。

国家不是永恒的。随着生产力发展，人类将从阶级社会过渡到无阶级社会，随着阶级的消失，国家也将自行消亡。无产阶级国家是从阶级社会到无阶级社会的必经之路。正如马克思所说，在资本主义社会和共产主义社会之间，有一个从前者到后者的革命转变时期。同这个时期相适应的也有一个政治上的过渡时期，这个时期的国家只能是无产阶级的革命专政。

我国是人民民主专政的社会主义国家。我国宪法明确规定：中华人民共和国是工人阶级领导的、以工农联盟为基础的人民民主专政的社会主义国家。人民民主专政是新型民主和新型专政的国家制度，是对人民实现民主和对极少数敌对分子实行专政的有机统一。其实质是无产阶级专政。

“治理”一词，源远流长，内涵丰富。在我国，按照字典解释，“治理”主要有四种含义：一是管理，统治。如荀子说，“明分职，序事业，材技官能，莫不治理，则公道达而私门塞矣，公义明而私事息矣”。二是道理。如清朝严有禧谈到蒋德璟时说，“其言颇达治理”。三是政绩。如汉献帝说，“玄在郡连年，若有治理，迨迁之，若无异効，当有召罚。何缘无故徵乎？”四是处理，整修。如治理河流。在国外，“治理”一词源于拉丁文和古希腊语，原意是控制、引导和操纵。1989 年，世界银行首次使用了“治理危机”一词，此后“治理”被广泛应用，其基本含义是指在既定范围内运用权威维持秩序，满足公众需要。其目的是最大限度地增进公共利益。如罗西瑙认为，治理是指一种由共同目标支持的管理活动，其主体未必是政府，也无须依靠国家强制力量来实现。并认为，“治理”与“统治”既有联系也有区别。二者的共同点是：都需要权威和权力，最终目的都是为了维持正常的社会秩序。区别在于：一是统治的主体是社会的公共机构，而治理的主体既可以是公共机构，也可以是私人机构，还可以是公共机构和私人机构的合作，包括政治国家与公民社会的合作、政府与非政府的合作、公共机构与私人机构的合作、强制与自愿的合作。二是统治的权力运行是单一的、自上而下的过程，治理则是多元的、上下互动的过程。三是统治所涉及的范围是以领土为界的民族国家，治理所涉及的范围既可以是特定领土界限内的民族国家，也可以是超越国家领土界限的国际领域。四是统治的权威主要源于政府的法规命令，治理的权威则主要源于公民的认同和共识。

我们认为，治理是指国家和非政府组织、公民依据规律、法律、制度、规则、共识、认同，采取经济、政治、法律、民主、合作等方式，引导、协调、处理国内甚至国际关系，实现公共利益最优化的过程。这意味着：治理的主体有三大类，一是国家，二是非政府组织，如社区、社会组织、企业等，三是公民，这三类主体密切相关，相互合作；治理的依据是规律、法律、制度、规则、共识、认同；治理的方式主要是经济、政治、法律、民主、合作等方式；治理的对象主要是国内经济、政治、文化、社会、人与自然等关系，也可以是国际关系；治理的目的是实现公共利益最优化；治理的运作是一个不断推进的过程。

治理不同于管理，更强调系统性、法治性、源头性和综合性。正如习近平总书记所说，治理和管理一字之差，体现的是系统治理、依法治理、源头治理、综合施策。

治理会失去效率，因而就有治理失效与善治的问题。善治的基本特征是：法度严明、官吏清廉、效率很高、服务良好。俞可平把善治的要素归纳为：合法性，即社会秩序和权威被自觉认可和服从的性质和状态；透明性，即政府信息的公开和透明；责任性，即人们应当对自己的行为负责；法治，即法律是公共政治管理的最高准则，任何政府官员和公民都必须依法行事，在法律面前人人平等；回应，即公共管理人员和管理机构必须对公民的要求做出及时的和负责的反应，不得无故拖延或没有下文；有效，即管理有效率；参与，即公民参与政治、社会等生活；稳定，即国内和平、生活有序、居民安全、公民团结、公共政策连贯等；廉洁，即政府官员奉公守法，清明廉洁，不以权谋私，公职人员不以自己的职权寻租；公正，即不同性别、阶层、种族、文化程度、宗教和政治信仰的公民在政治权利和经济权利上的平等。[1]

国家治理是指一个国家运行的制度、体制和机制。在不同的国家，国家治理有不同的表现。高小平把我国国家治理的表现归纳为：党和政府的领导与多元主体参与公共事务决策的统一，法治与德治的统一，管理和服务的

[1]　俞可平：《增量民主与政治改革》，中国网，2012年6月15日。

统一，常态管理与非常态管理（风险管理、应急管理、危机管理）的统一。[1]

国家治理体系是指国家的制度体系。其实质是通过国家、社会和个人的协同共治，实现公共利益最优化。在我国，国家治理体系是在党领导下管理国家的制度体系，包括经济、政治、文化、社会、生态文明和党的建设等各领域体制机制、法律法规安排，也就是一整套紧密相连、相互协调的国家制度。

这种治理体系，不是政治制度上的"飞来峰"，不是简单延续我国历史文化的母版，不是简单套用马克思主义经典作家设想的模板，不是其他国家社会主义实践的再版，也不是国外现代化发展的翻版，而是马克思主义治理思想与中国实际和时代特征相结合的产物，是中国共产党人的伟大创造，是历史和现实、理论和实践、形式和内容有机统一，追求的是社会公平正义和人民福祉，是具有中国特色的国家治理体系。《中共中央关于坚持和完善中国特色社会主义制度、推进国家治理体系和治理能力现代化若干重大问题的决定》指出："中国特色社会主义制度和国家治理体系是以马克思主义为指导、植根中国大地、具有深厚中华文化根基、深得人民拥护的制度和治理体系，是具有强大生命力和巨大优越性的制度和治理体系，是能够持续推动拥有近十四亿人口大国进步和发展、确保拥有五千多年文明史的中华民族实现'两个一百年'奋斗目标进而实现伟大复兴的制度和治理体系。"

这种治理体系的主要内涵包括：中国共产党的领导；国家的制度、法律、法规；治理的体制机制。其中，党的领导处于核心地位，正如习近平总书记所说："在国家治理体系的大棋局中，党中央是坐镇中军帐的'帅'，车马炮各展其长，一盘棋大局分明。"

[1] 高小平：《论我国国家治理体系的价值目标》，人民网，2014 年 12 月 25 日。

# 影响国家治理能力的要素

能力是从事工作的本领和水平。如古人说:“民进则欲其赏，退则畏其罪，知其能力之不足也!”能力有大小之分。如毛泽东说:一个人能力有大小，但只要有这点精神，就是一个高尚的人。能力有多种多样的类型，如注意能力、观察能力、分析能力、综合能力、判断能力、理解能力、记忆能力、沟通能力、想象能力、实践能力等。

国家治理能力则是运用国家制度管理社会各方面事务的能力，包括改革发展稳定、内政外交国防、治党治国治军等方面。也可以说是国家治理主体，遵循治理规律，运用国家制度、法律、法规，管理社会各方面事务的本领和水平。这是一个复杂的能力体系。从主体来说，有党的治理能力、国家的治理能力、社会组织的治理能力，也包括个人的治理能力。从范围来说，有治理国内事务的能力、治理国际事务的能力。从对象来说，有治理经济能力、治理政治能力、治理文化能力、治理社会能力、治理生态文明能力、治理党的能力等;也可以分为，改革发展稳定能力、内政外交国防能力、治党治国治军能力等。每一种治理能力又是一个复杂的系统，有特定的含义和多种类型。如党的治理能力，指党提出和运用正确的理论、路线、方针、政策和策略，领导制定和实施宪法和法律，采取科学的领导制度和领导方式，动员和组织人民依法管理国家和社会事务、经济和文化事业，有效治党治国治军，建设社会主义现代化国家的本领和水平。有不断提高驾驭社会主义市场经济的能力、发展社会主义民主政治的能力、建设社会主义先进文化的能力、构建社会主义和谐社会的能力、建设生态文明的能力、应对国际局势和处理国际事务的能力、推动构建人类命运共同体的能力等具体类型。

国家治理能力决定着国家治理的成效。国家治理能力强，国家治理成效就好。国家治理能力弱，国家治理成效就差。纵观中国历史，文景之治、开元盛世、康乾盛世等，都显示出了较强的国家治理能力。改革开放以来，我国生产力发展、生产关系完善、综合国力增强、人民生活改善，都显示出我国国家治理能力的提高。

影响国家治理能力的要素很多，从不同的角度来看，可以进行不同的分类。如内因和外因、主观原因和客观原因等。主要来看，有以下几个方面：

一是国家治理主体状况，主要包括价值观、知识、文化、经验、勇气、主动性、独立性、创造性等。一般来说，价值观越科学，信仰越坚定，知识文化水平越高，经验越丰富，创新勇气越大，等等，治理能力越强。

二是遵循治理规律状况。治理规律是进行国家治理必须遵循的基本原则，包括治理自身的规律和治理对象自身存在的客观规律，如治理市场，需要遵守治理主体的运作规律，还要遵守价值规律、供求规律和竞争规律。从一定意义上讲，国家治理能力是国家治理主体遵循、运用治理规律的本领和水平。越遵循规律，治理能力越高。

三是国家制度、法律、法规的状况。国家制度、法律、法规是国家治理的基本依据。国家制度、法律、法规越科学，国家治理主体对其越熟悉，运用得越熟练，国家治理能力越强。

四是国家治理对象的状况。从一定意义上说，国家治理能力是国家治理主体在与客体相互作用过程中体现出来的本领和水平。国家治理对象尤其是其中的主要群体，知识文化水平越高，越遵守法律法规，对治理主体认知程度越高，国家治理主体与客体的相互作用越有效，国家治理能力越强。反之，则越弱。

五是国家治理目的。国家治理目的决定国家治理能力发挥作用的方向。国家治理目的越正确，越符合社会公众的利益，治理能力表现得就越强。在我国，国家治理目的越符合广大人民群众的根本利益，越能够把广大人民群众的根本利益与眼前利益结合起来，越能表现出较好的国家治理能力。

六是国家治理的经验。实践出真知，国家治理主体治理国家时间越长，治理实践越丰富，经验越多，治理能力就越强。《中共中央关于坚持和完善中国特色社会主义制度、推进国家治理体系和治理能力现代化若干重大问题的决定》指出，完善和发展我国国家制度和治理体系，必须坚持从国情出发、从实际出发，既把握长期形成的历史传承，又把握党和人民在我国国家制度建设和国家治理方面走过的道路、积累的经验、形成的原则，不能照抄照搬他国制度模式，既不走封闭僵化的老路，也不走改旗易帜的邪路，坚定不移走中国特色社会主义道路。

上述因素，相互联系，相互影响，相互作用，共同决定着国家治理能力的强弱。正确地认识上述因素，并不断地加以系统改进，可以大大提高国家的治理能力。

# 国家治理体系和治理能力现代化的深刻内涵

国家治理体系和治理能力，是一个国家制度和制度执行能力的集中体现。作为国家治理的两大基本要素，一方面相互区别：前者指国家治理的制度体系，后者指国家治理的本领和水平；前者为国家治理提供保障，后者决定国家治理的成效。另一方面相互联系：它们的目的一致，都服务于公共利益最优化；两者相辅相成，治理体系完善，治理能力就会提高；治理能力提高，治理体系才有可能更好地发挥效能；两者统一于国家治理之中，统一于国家治理现代化之中。

现代化是用来描述现代社会变迁的范畴，人们对它的认识并不完全一致。有的把它看作产业化、城市化，有的把它看作文明的一种形式，是价值观、生活方式等的变化过程。一般来说，现代化是在现代科学技术的推动下，人类社会从农业社会到工业社会、从封闭到开放、从传统文明到现代文明变迁的过程。内容包括经济现代化、政治现代化、社会现代化、文化现代化等，体现在生产力、生产关系、经济基础、上层建筑等各个方面。

国家治理体系和治理能力现代化，一是指国家治理体系现代化，二是指国家治理能力现代化，可以简称为治理现代化。由于它是我们党提出的新范畴，目前人们对它的认识尚不完全一致。许耀桐认为，治理现代化就是要更加科学、民主，同时也要更加制度化、规范化、程序化。[1]温宪元认为，国家治理要现代化，首先要科学化、民主化、制度化、规范化、程序

[1]《公报精读：推进国家治理体系和治理能力现代化》，半月谈网，2013年11月13日。

化。[1] 刘元春认为，推进国家治理体系和治理能力的现代化，就意味着原来管制型政府、投资型政府要向服务型政府、开放型政府转变，要使权力在阳光下运行，在制度框架内运行。[2] 江必新认为，所谓国家治理体系和治理能力的现代化，就是使国家治理体系制度化、科学化、规范化、程序化，使国家治理者善于运用法治思维和法律制度治理国家，从而把中国特色社会主义各方面的制度优势转化为治理国家的效能。[3] 胡鞍钢认为，国家治理现代化意味着制度法律等作为现代政治要素不断地、连续地从低级到高级突破性的变革。[4] 俞可平认为，衡量一个国家的治理体系是否现代化，至少有五个标准：其一是公共权力运行的制度化和规范化，它要求政府治理、市场治理和社会治理有完善的制度安排和规范的公共秩序；其二是民主化，即公共治理和制度安排都必须保障主权在民或人民当家作主，所有公共政策要从根本上体现人民的意志和人民的主体地位；其三是法治，即宪法和法律成为公共治理的最高权威，在法律面前人人平等，不允许任何组织和个人有超越法律的权力；其四是效率，即国家治理体系应当有效维护社会稳定和社会秩序，有利于提高行政效率和经济效益；其五是协调，现代国家治理体系是一个有机的制度系统，从中央到地方各个层级，从政府治理到社会治理，各种制度安排作为一个统一的整体相互协调，密不可分。[5] 肖江认为，实现“四个现代化”主要是在经济技术层面赶上世界，避免被“开除地球

[1] 温宪元：《实现国家治理体系和治理能力现代化》，《南方日报》2013年11月18日。

[2] 《专家称推进国家治理体系和治理能力现代化受期待》，中国新闻网，2013年11月13日。

[3] 江必新：《推进国家治理体系和治理能力现代化》，《光明日报》2013年11月15日。

[4] 《开辟“中国之治”新境界——写在党的十九届四中全会召开之际》，《人民日报》2019年10月28日。

[5] 俞可平：《衡量国家治理体系现代化的基本标准》，《北京日报》2013年12月9日。

球籍”；推进国家治理体系和国家治理能力现代化，则是要充分地发挥中国特色社会主义的制度优势，更好地集中力量办大事，让经济和社会发展更好地满足人民群众的新需要。[1]

我们认为，国家治理体系和治理能力现代化是从传统治理走向现代治理的过程和结果。对我国来说，特指从计划经济体制下的管理走向社会主义市场经济体制下的治理、从封闭条件下的管理走向开放条件下的治理的过程和结果。其标准是变化的。从目前来看，大致有以下标准：

一是治理价值理念的现代化。主要是以马克思列宁主义、毛泽东思想、邓小平理论、“三个代表”重要思想、科学发展观和习近平新时代中国特色社会主义思想为灵魂，以富强、民主、文明、和谐、自由、平等、公正、法治、爱国、敬业、诚信、友善的社会主义核心价值观为理念，并把其贯彻到国家治理的全过程。

二是治理主体的现代化。主要是治理主体遵循治理规律，依法治理、民主治理、程序治理、公正治理、文明治理。

三是治理制度机制的现代化。主要是治理的制度科学先进，法律法规健全，运行机制科学完善，符合现代文明的要求。

四是治理方式的现代化。主要是借助现代科学信息手段，运用法律、协商、民主、合作等方式进行治理。

五是治理对象的现代化。主要是治理对象文化水平、素质的提升。

六是治理效率的现代化。主要是治理有效，形成总体效应，取得总体效果，制度优越性得到充分发挥，实现公共利益最优化，实现人民对美好社会生活的向往。

[1] 肖江：《中国之治 大道之行》，党建网，2019年11月。

# 第二章

# 推进国家治理体系和治理能力现代化的重要性

中国特色社会主义是历史和人民的选择。国家治理体系和治理能力现代化是当今世界发展的潮流和趋势，是现代文明的重要标志。坚持和完善中国特色社会主义制度、推进国家治理体系和治理能力现代化，是中国共产党人的不懈追求，是实现“两个一百年”奋斗目标的重大任务，是把新时代改革开放推向前进的根本要求，是应对风险挑战、赢得主动的有力保证。

# 实现“两个一百年”奋斗目标的重大任务

“两个一百年”奋斗目标是中国共产党人在追求现代化的过程中逐步明确的奋斗目标，即：到中国共产党成立一百年时全面建成小康社会，到新中国成立一百年时建成富强民主文明和谐美丽的社会主义现代化强国。

实现“两个一百年”奋斗目标是我们党基于形势任务判断得出的结论。形势决定任务。党的十一届三中全会，我们党准确研判国际形势，确立了和平与发展是时代主题的认识，把党和国家的工作重点转移到了社会主义现代化建设上来，团结带领全国人民开启了改革开放的伟大征程。党的十五大首次提出“两个一百年”奋斗目标；党的十六大提出在21世纪头20年全面建设惠及十几亿人口的更高水平的小康社会奋斗目标；党的十七大提出全面建设小康社会的新要求；党的十八大再次鲜明提出，在中国共产党成立一百年时全面建成小康社会，在新中国成立一百年时建成富强民主文明和谐的社会主义现代化国家。

习近平总书记强调指出，当今中国最鲜明的时代主题，就是实现“两个一百年”奋斗目标、实现中华民族伟大复兴的中国梦。党的十八大以来，以习近平同志为核心的党中央，紧紧围绕实现“两个一百年”奋斗目标，科学把握国际国内发展大势，顺应实践要求和人民愿望，统揽伟大斗争、伟大工程、伟大事业、伟大梦想，统筹推进“五位一体”总体布局，协调推进“四个全面”战略布局，贯彻新发展理念，推出一系列重大战略举措，出台一系列重大方针政策，推进一系列重大工作，中国特色社会主义取得新成就。新时代，意味着近代以来久经磨难的中华民族实现了从站起来、富起来到强起来的历史性飞跃，我们的国家前所未有地靠近世界舞台中心，前所未有地接近实现中华民族伟大复兴的目标，前所未有地具有实现这个目标的能力和信心。

推进国家治理体系和治理能力现代化是共产党人在探索和推进“两个一百年”奋斗目标的过程中逐步明确的重大任务。现代化是近代以来中国人的梦想，中国共产党从成立之日起实际上就肩负着现代化的历史重任。新中国成立后，我们建立了社会主义制度，逐步提出了把我国建设成为强大的社会主义的现代化的工业国家的任务。1975 年，周恩来在第四届全国人民代表大会提出，“三届人大的政府工作报告曾经提出，从第三个五年计划开始，我国国民经济的发展，可以按两步来设想:第一步，用十五年时间，即在一九八〇年以前，建成一个独立的比较完整的工业体系和国民经济体系;第二步，在本世纪内，全面实现农业、工业、国防和科学技术的现代化，使我国国民经济走在世界的前列”。改革开放后，党的十二大提出:“团结全国各族人民，自力更生，艰苦奋斗，逐步实现工业、农业、国防和科学技术现代化，把我国建设成为高度文明、高度民主的社会主义国家。”但鉴于社会主义初级阶段的实际，我们把到 20 世纪末的现代化称之为小康。党的十三大提出“三步走”战略，第一步，实现国民生产总值比 1980 年翻一番，解决人民的温饱问题。这个任务已经基本实现。第二步，到二十世纪末，使国民生产总值再增长一倍，人民生活达到小康水平。第三步，到二十一世纪中叶，人均国民生产总值达到中等发达国家水平，人民生活比较富裕，基本实现现代化。党的十四大提出:“在九十年代，我们要初步建立起新的经济体制，实现达到小康水平的第二步发展目标。再经过二十年的努力，到建党一百周年的时候，我们将在各方面形成一整套更加成熟更加定型的制度。在这样的基础上，到下世纪中叶建国一百周年的时候，就能够达到第三步发展目标，基本实现社会主义现代化。”明确提出了形成一整套更加成熟更加定型的制度的要求。党的十五大提出："展望下世纪，我们的目标是，第一个十年实现国民生产总值比二〇〇〇年翻一番，使人民的小康生活更加宽裕，形成比较完善的社会主义市场经济体制；再经过十年的努力，到建党一百年时，使国民经济更加发展，各项制度更加完善；到世纪中叶建国一百年时，基本实现现代化，建成富强民主文明的社会主义国家。"党的十六大提出："根据十五大提出的到二〇一〇年、建党一百年和新中国成立一百年的发展目标，我们要在本世纪头二十年，集中力量，全面建设惠及十几亿人口的更高水平的小康社会，使经济更加发展、民主更加健全、科教更加进步、文化更加繁荣、社会更加和谐、人民生活更加殷实。这是实现现代化建设第三步战略目标必经的承上启下的发展阶段，也是完善社会主义市场经济体制和扩大对外开放的关键阶段。经过这个阶段的建设，再继续奋斗几十年，到本世纪中叶基本实现现代化，把我国建成富强民主文明的社会主义国家。"党的十八大指出："只要我们胸怀理想、坚定信念，不动摇、不懈怠、不折腾，顽强奋斗、艰苦奋斗、不懈奋斗，就一定能在中国共产党成立一百年时全面建成小康社会，就一定能在新中国成立一百年时建成富强民主文明和谐的社会主义现代化国家。"党的十八届三中全会明确全面深化改革的目标是完善和发展中国特色社会主义制度，推进国家治理体系和治理能力现代化。党的十八届五中全会要求，"十三五"时期要实现"各方面制度更加成熟更加定型，国家治理体系和治理能力现代化取得重大进展，各领域基础性制度体系基本形成"。党的十九大提出了决胜全面建成小康社会、开启全面建设社会主义现代化国家新征程的要求，明确从二〇二〇年到二〇三五年基本实现国家治理体系和治理能力现代化，从二〇三五年到本世纪中叶实现国家治理体系和治理能力现代化。党的十九届二中、三中全会分别就修改宪法和深化党和国家机构改革作出部署。党的十九届四中全会审议通过了《中共中央关于坚持和完善中国特色社会主义制度、推进国家治理体系和治理能力现代化若干重大问题的决定》，对坚持和完善中国特色社会主义制度、推进国家治理体系和治理能力现代化作出全面战略部署，进一步明确了推进国家治理体系和治理能力现代化在“两个一百年”奋斗目标中的地位。习近平总书记指出：中央政治局决定这次中央全会专题研究坚持和完善中国特色社会主义制度、推进国家治理体系和治理能力现代化问题，这是实现“两个一百年”奋斗目标的重大任务。

我们按照党的十九大的战略部署，做到紧扣我国社会主要矛盾变化，统筹推进经济建设、政治建设、文化建设、社会建设、生态文明建设，坚定实施科教兴国战略、人才强国战略、创新驱动发展战略、乡村振兴战略、区域协调发展战略、可持续发展战略、军民融合发展战略，突出抓重点、补短板、强弱项，特别是要坚决打好防范化解重大风险、精准脱贫、污染防治的攻坚战，使全面建成小康社会得到人民认可、经得起历史检验，包含着对坚持和完善中国特色社会主义制度、推进国家治理体系和治理能力现代化要求。

从社会主义现代化的内涵来看，富强意味着人民富裕、国家强盛，人民富裕要通过完善的国家治理体系和良好的治理能力来实现，国家强盛体现为完善的国家治理体系和良好的治理能力，意味着国家治理体系和治理能力现代化，富强的过程也是推进国家治理体系和治理能力现代化的过程。民主既是一种方法、能力，也是一种国家制度，发展社会主义民主的过程，也是完善国家制度、推进国家治理体系和治理能力现代化的过程。文明，意味着现代化，发展社会主义文明尤其是政治文明的过程，也是推进国家治理体系和治理能力现代化的过程。和谐，是不断化解社会主义社会矛盾的历史进程，也是国家治理的过程，构建和谐社会的过程，也就是推进国家治理体系和治理能力现代化的进程。美丽，是生态治理的过程和结果，追求美丽，进行生态治理的过程，也是推进国家治理体系和治理能力现代化的进程。

## 把新时代改革开放推向前进的根本要求

改革开放是决定当代中国命运的关键抉择。目的是解放和发展社会生产力，实现国家现代化，让中国人民富裕起来，振兴伟大的中华民族；推动我国社会主义制度自我完善和发展，赋予社会主义新的生机活力，建设和发展中国特色社会主义；加强和改进党的建设，保持和发展党的先进性，确保党始终走在时代前列。

改革开放是党在新的时代条件下带领人民进行的新的伟大革命，是党和人民事业大踏步赶上时代的重要法宝。依靠从农村到城市、从经济领域到其他各个领域、从沿海到沿江沿边、从东部到中西部的改革开放，极大地调动了亿万人民的积极性，使我国成功实现了从高度集中的计划经济体制到充满活力的社会主义市场经济体制、从封闭半封闭到全方位开放的伟大历史转折，中国人民的面貌、社会主义中国的面貌、中国共产党的面貌发生了历史性变化，一个面向现代化、面向世界、面向未来的社会主义中国巍然屹立在世界东方。

“坚持以改革开放为动力”“以创新驱动和改革开放为两个轮子”“对外开放要继续往更大范围、更宽领域、更深层次的方向走”……中共中央政治局召开会议分析研究二〇二〇年经济工作时浓墨重彩关注“改革开放”，再次释放将改革开放进行到底的强烈信号。

全面深化改革是在中国特色社会主义新时代，党中央纵观国际国内大势，针对我国经济社会发展中的问题，如市场机制不健全，党和国家机构改革滞后，机构职能空白、交叉、弱化、重叠等问题，根据全面建成经济持续健康发展，人民民主不断扩大，文化软实力显著增强，人民生活水平全面提高，资源节约型、环境友好型社会建设取得重大进展的小康社会的新要求作出的战略部署。党的十八大报告明确提出：全面建成小康社会，必须以更大的政治勇气和智慧，不失时机深化重要领域改革，坚决破除一切妨碍科学发展的思想观念和体制机制弊端，构建系统完备、科学规范、运行有效的制度体系，使各方面制度更加成熟更加定型。十八大报告第三部分列出“全面建成小康社会和全面深化改革开放的目标”专题，阐述了全面深化改革开放的目标任务。党的十八届三中全会为贯彻落实党的十八大关于全面深化改革的战略部署，作出《中共中央关于全面深化改革若干重大问题的决定》，首次提出了全面深化改革的总目标，指出：全面深化改革的总目标是完善和发展中国特色社会主义制度，推进国家治理体系和治理能力现代化。提出了实现这个目标的具体要求，即：必须更加注重改革的系统性、整体性、协同性，加快发展社会主义市场经济、民主政治、先进文化、和谐社会、生态文明，让一切劳动、知识、技术、管理、资本的活力竞相迸发，让一切创造社会财富的源泉充分涌流，让发展成果更多更公平惠及全体人民。明确了全面深化改革与推进国家治理体系和治理能力现代化的关系，开启了全面深化改革、系统整体设计推进改革的新时代。党的十九大进一步部署了全面深化改革工作。党的十九届四中全会审议通过了《中共中央关于坚持和完善中国特色社会主义制度、推进国家治理体系和治理能力现代化若干重大问题的决定》提出，推进全面深化改革，既要保持中国特色社会主义制度和国家治理体系的稳定性和延续性，又要抓紧制定国家治理体系和治理能力现代化急需的制度、满足人民对美好生活新期待必备的制度，推动中国特色社会主义制度不断自我完善和发展、永葆生机活力。这是从全面建设社会主义现代化国家的战略需要出发，对全面深化改革工作的新要求。

习近平总书记指出:“新时代改革开放具有许多新的内涵和特点，其中很重要的一点就是制度建设分量更重，改革更多面对的是深层次体制机制问题，对改革顶层设计的要求更高，对改革的系统性、整体性、协同性要求更强，相应地建章立制、构建体系的任务更重。”当前，全面深化改革取得了显著成效，主要领域基础性制度体系基本形成，但也存在着有的改革举措尚未完成，有的还没有落实到位等问题。因此，习近平总书记要求:“新时代谋划全面深化改革，必须以坚持和完善中国特色社会主义制度、推进国家治理体系和治理能力现代化为主轴，深刻把握我国发展要求和时代潮流，把制度建设和治理能力建设摆到更加突出的位置，继续深化各领域各方面体制机制改革，推动各方面制度更加成熟更加定型，推进国家治理体系和治理能力现代化。”

第一，坚持和完善中国特色社会主义制度、推进国家治理体系和治理能力现代化规定着全面深化改革的方向。目标就是方向。方向正确是全面深化改革成功的前提。全面深化改革的方向，就是中国特色社会主义的方向，国家治理体系和治理能力现代化的方向。也就是说，我们紧紧围绕使市场在资源配置中起决定性作用深化经济体制改革，紧紧围绕坚持党的领导、人民当家作主、依法治国有机统一深化政治体制改革，紧紧围绕建设社会主义核心价值体系、社会主义文化强国深化文化体制改革，紧紧围绕更好保障和改善民生、促进社会公平正义深化社会体制改革，紧紧围绕建设美丽中国深化生态文明体制改革，紧紧围绕提高科学执政、民主执政、依法执政水平深化党的建设制度改革，其最终方向就是坚持和完善中国特色社会主义，推进国家治理体系和治理能力现代化。

第二，坚持和完善中国特色社会主义制度、推进国家治理体系和治理能力现代化提供了全面深化改革的动力。目标就是动力。有目标，就有差距；有差距，就有压力，就会产生动力。动力是全面深化改革的保障。我国正处于并将长期处于社会主义初级阶段，中国特色社会主义制度还不完善，国家治理体系还不是很完善，治理能力还有待提高，离国家治理体系和治理能力现代化的要求还有一定的距离，这个距离就会给全面深化改革造成压力、提供动力。

第三，坚持和完善中国特色社会主义制度、推进国家治理体系和治理能力现代化是全面深化改革的校正器。目标是校正器。全面深化改革是一项复杂的系统工程，特别是在改革攻坚期和深水区，需要解决的问题很多、很复杂，不会一帆风顺。不断调整改革的着力点和过程，是全面深化改革推进的条件和常态。坚持和完善中国特色社会主义制度、推进国家治理体系和治理能力现代化的目标，会使改革主体不断校正自己的改革行为，既促进自己的改革，也实现与其他改革的相互配合、相互协调，进而实现改革的全面深化。

因此，习近平总书记指出，坚持和完善中国特色社会主义制度、推进国家治理体系和治理能力现代化，是把新时代改革开放推向前进的根本要求。

改革开放是中国人民和中华民族发展史上一次伟大革命，正是这个伟大革命推动了中国特色社会主义事业的伟大飞跃！改革开放成就了今天的中国，未来的中国也必将因改革开放而取得更大成就。让我们更加紧密地团结在以习近平同志为核心的党中央周围，在习近平新时代中国特色社会主义思想指引下，当好改革开放的开拓者、实干家、贡献者，不断开拓改革开放新局面，不断在新时代创造中华民族新的更大奇迹，不断为中国人民和世界人民增益造福！

## 应对风险挑战、赢得主动的有力保证

经过几十年尤其是改革开放以来的探索实践，中国特色社会主义不断发展，国家治理体系不断完善，治理能力不断提高，在国家治理体系和治理能力现代化道路上迈出了坚实步伐。

首先，国家制度体系不断完善。在党的领导下，依靠全国各族人民，建立了人民代表大会制度，中国共产党领导的多党合作和政治协商制度，民族区域自治制度，基层群众自治制度，公有制为主体、多种所有制经济共同发展的基本经济制度等制度，并根据时代潮流和中国实际，进行改革完善，形成了具有中国特色的制度体系、体制和运行机制。如经过探索和改革，我们形成了以宪法为统帅，以宪法相关法、民商法、行政法、经济法等多个法律部门的法律为主干，由法律、行政法规、地方性法规与自治条例、单行条例等三个层次的法律规范构成的中国特色社会主义法律体系，成为国家治理体系和治理能力现代化的法律元素。

其次，国家治理能力显著提高。国家在建立社会主义制度，探索社会主义建设道路，实行改革开放，发展社会主义经济、政治、文化、社会、生态等几十年的实践中，不断研究新情况、解决新问题、创建新机制、增长新本领，驾驭社会主义市场经济、发展社会主义民主政治、建设社会主义先进文化、构建社会主义和谐社会、建设生态文明、应对国际局势和处理国际事务等能力不断提升，成功地从计划经济转向社会主义市场经济，从封闭走向开放，经受国际金融危机、汶川特大地震、“非典”疫情等各种考验，在实现中华民族伟大复兴中国梦的道路上不断迈进。

再次，国家治理经验不断丰富。面对复杂的国内外环境，党和国家制定和执行正确的理论、路线、方针、政策和策略，制定和实施宪法和法律，改进领导制度和领导方式，有效治党治国治军，积累了丰富的治理国家经验。如党的十六届四中全会曾经把党的执政经验归纳为六条，即：必须坚持党在指导思想上的与时俱进，用发展着的马克思主义指导新的实践；必须坚持推进社会主义制度的自我完善，增强社会主义的生机和活力；必须坚持抓好发展这个党执政兴国的第一要务，把发展作为解决中国一切问题的关键；必须坚持立党为公、执政为民，始终保持党同人民群众的血肉联系；必须坚持科学执政、民主执政、依法执政，不断完善党的领导方式和执政方式；必须坚持以改革的精神加强党的建设，不断增强党的创造力、凝聚力、战斗力。这些经验实际上也是我们治理国家的主要经验。

最后，国家治理成效明显提升。主要表现在：经济建设取得重大成就，全面深化改革取得重大突破，民主法治建设迈出重大步伐，思想文化建设取得重大进展，人民生活不断改善，生态文明建设成效显著，强军兴军开创新局面，港澳台工作取得新进展，全方位外交布局深入展开，全面从严治党成效卓著。中国共产党自成立以来，团结带领人民，坚持把马克思主义基本原理同中国具体实际相结合，赢得了中国革命胜利，并深刻总结国内外正反两方面经验，不断探索实践，不断改革创新，建立和完善社会主义制度，形成和发展党的领导和经济、政治、文化、社会、生态文明、军事、外事等各方面制度，加强和完善国家治理，取得历史性成就。党的十八大以来，我们党领导人民统筹推进“五位一体”总体布局、协调推进“四个全面”战略布局，推动中国特色社会主义制度更加完善、国家治理体系和治理能力现代化水平明显提高，为政治稳定、经济发展、文化繁荣、民族团结、人民幸福、社会安宁、国家统一提供了有力保障。

实践证明，中国特色社会主义制度和国家治理体系是以马克思主义为指导、植根中国大地、具有深厚中华文化根基、深得人民拥护的制度和治理体系，是具有强大生命力和巨大优越性的制度和治理体系，是能够持续推动拥有近十四亿人口大国进步和发展、确保拥有五千多年文明史的中华民族实现“两个一百年”奋斗目标进而实现伟大复兴的制度和治理体系。因此，我们的国家治理体系和治理能力总体上是好的，是有独特优势的，是适应我国国情和发展要求的。同时，我们在国家治理体系和治理能力现代化的道路上还面临着许多问题，还有很长的路要走。

一是国际形势复杂多变。当今世界正经历百年未有之大变局，国际形势风云变幻，世界多极化和经济全球化曲折发展，科技进步日新月异，综合国力竞争日趋激烈，各种思想文化相互激荡，各种矛盾错综复杂，面对中国崛起，敌对势力对我国实施西化、分化的战略图谋没有改变，中美贸易摩擦时紧时缓，南海局势复杂多变，维护国家利益和我国公民、法人在海外合法权益，推动全球治理机制变革，促进世界和平与发展，争取有利的改革发展国际环境的任务仍然十分艰巨。

二是国内任务更为艰巨。我国社会主要矛盾已经转化为人民日益增长的美好生活需要和不平衡不充分的发展之间的矛盾，改革开放已经进入攻坚期深水区，发展中不平衡、不协调、不可持续问题依然突出，科技创新能力不强，产业结构不合理，农业基础依然薄弱，资源环境约束加剧，制约科学发展的体制机制障碍较多；城乡区域发展差距和居民收入分配差距依然较大；社会矛盾明显增多，教育、就业、社会保障、医疗、住房、生态环境、食品药品安全、安全生产、社会治安、执法司法等关系群众切身利益的问题较多，部分群众生活比较困难；等等。全面深化改革，推进社会主义经济建设、政治建设、文化建设、社会建设、生态文明建设，全面建成小康社会的任务仍然十分艰巨。

三是国家治理体系还不完善。主要表现在：一些制度缺失，如农村土地流转还缺乏一整套完整的制度；制度不完善；制度的配套措施不够，如制度的执行者职责不清、角色定位不准，致使一些制度形同虚设，难以落实；等等。需要对治理体系进行系统性重塑、整体性重构、历史性变革。

四是国家治理能力有待提升。主要表现在：有的地方、领域党的领导弱化、缺失；政府职能转变还不到位，职能空白、交叉、重叠，重审批、轻监管现象仍然存在；一些部门软弱涣散，工作责任制落实不严，推诿扯皮、敷衍塞责、办事拖拉，工作不扎实、效率不高；一些领导干部理想信念动摇，宗旨意识淡薄，改革创新意识不强，安于现状、不思进取的问题突出，敢闯敢试敢担当勇气不够，治理能力不强，形式主义、官僚主义、享乐主义、奢靡之风问题突出，贪污腐败；社会组织发育不充分，发挥作用不够，治理能力较弱；道德失范，诚信缺失，一些公民文化水平较低，法律意识淡薄；等等。这些都影响了国家的治理能力。

上述问题相互交织，密切联系，十分复杂。我们要解决这些问题，统揽伟大斗争、伟大工程、伟大事业、伟大梦想，不断满足人民对美好生活新期待，战胜前进道路上的各种风险挑战，根本在于坚持和完善中国特色社会主义制度、推进国家治理体系和治理能力现代化。习近平总书记指出，坚持和完善中国特色社会主义制度、推进国家治理体系和治理能力现代化，是应对风险挑战、赢得主动的有力保证。古人讲，天下之势不盛则衰，天下之治不进则退。当今世界正经历百年未有之大变局，国际形势复杂多变，改革发展稳定、内政外交国防、治党治国治军各方面任务之繁重前所未有，我们面临的风险挑战之严峻前所未有。这些风险挑战，有的来自国内，有的来自国际，有的来自经济社会领域，有的来自自然界。我们要打赢防范化解重大风险攻坚战，必须坚持和完善中国特色社会主义制度、推进国家治理体系和治理能力现代化，运用制度威力应对风险挑战的冲击。

CHAPTER

制度自信与大国治理

# 第三章

# 国家治理体系和治理能力现代化的决定因素

国家治理体系和治理能力是一个国家经济、政治、文化长期发展的结果，是国家历史、文化、经济、政治等因素的综合反映，凝结着人民群众的智慧和创造。因此，习近平总书记指出，一个国家选择什么样的治理体系，是由这个国家的历史传承、文化传统、经济社会发展水平决定的，是由这个国家的人民决定的。

# 历史传承决定国家治理体系和治理能力现代化

国家治理体系和治理能力是现实的也是历史的，它继承着已有文明的治理理念，继承着已有的好经验、好做法、好形式和好机制。因此，历史传承是影响国家治理体系和治理能力的重要因素。

首先，历史传承影响国家治理体系和治理能力的思想理念。国家治理体系和治理能力是国家治理思想理念与治理方式、手段等的统一，没有一定的思想理念，就不会有相应的制度，也难以形成相应的能力。思想理念虽然是社会经济政治等状况的反映，但由于隶属于社会意识，具有相对独立性，会不断地传承下来，在新的条件下转化为制度或者影响新制度的设计。如重视人民的思想理念，我们今天讲人民群众是历史的创造者，是国家和社会的主人，建立的人民代表大会制度，实际上也传承着古人的“民为贵、君为轻”等思想理念。

其次，历史传承影响制度形式。制度形式如果体现了国家治理的一般规律，在新的国家治理体系中也会传承下来，完善起来。历史上，我国封建时代的三省制就是一个例子，从曹魏时期开始，出现了尚书、中书、门下三省，并且长期并存，但三省的具体职责分工尚缺乏明确的规定；到了隋朝，基本确立了尚书、门下、内史三省的正副长官为宰相的三省制，但三省的具体分工和运行机制并未明确；到了唐朝，确立了中书出令、门下封驳、尚书执行的既分工制约又合作共事的三省运行机制。现在，全国分为省、自治区、直辖市；省、自治区分为自治州、县、自治县、市；县、自治县分为乡、民族乡、镇的行政区划，实际上受到了历史上县、郡、州等国家治理体系的影响。

最后，历史传承影响国家治理的方法。国家治理的方法，离社会经济基础相对较远，有的甚至没有阶级性，对国家治理体系和治理能力的影响更大。如回避制度，是我国为防止国家公务人员利用职权徇私而设立的一项制度，公务员法规定，公务员之间有夫妻关系、直系血亲关系、三代以内旁系血亲关系以及近姻亲关系的，不得在同一机关双方直接隶属于同一领导人员的职位或者有直接上下级领导关系的职位工作，也不得在其中一方担任领导职务的机关从事组织、人事、纪检、监察、审计和财务工作。公务员不得在其配偶、子女及其配偶经营的企业、营利性组织的行业监管或者主管部门担任领导成员。这种回避制度，在唐宋时期就已经形成，如规定亲族回避、地区回避、职务回避、科考回避。因此，治理方法的传承影响更大。

历史传承对国家治理体系和治理能力的影响程度，在不同社会是不同的。一般来说，同一性质社会的不同朝代之间，尤其是在同一个历史朝代中，历史传承对国家治理体系和治理能力的影响更大一些。而不同性质的社会之间，历史传承对国家治理体系和治理能力的影响较小一些。

历史传承对国家治理体系和治理能力的影响一般有两个结果，一种是良性的，而另一种则为恶性的。良性结果表示，国家治理体系的动态传承可以使国家治理体系在阶级内容不发生根本性质变化的情况下更加完善、健全，经过适时调整，与其他社会制度体系的功能不断相适应，更好地实现所代表的社会成员的根本利益，使政治文明的量变不断适应自身发展的内在要求，适应由相关因素变化所产生的客观要求。恶性结果则是国家治理体系和治理能力变得更糟，表明如果不能动态地看待国家治理体系，不能取其精华舍其糟粕，尤其是不能正确地处理腐朽的国家治理体系，那么制度的历史传承很容易滋生政治保守思想，那些倾向于维护既存制度者与既得利益者会顽强地固守利己的政治阵地，这样，历史愈悠久，则传统包袱就愈沉重，发展的势头就愈减缓。

马克思认为："最后的形式总是把过去的形式看成是向着自己发展的各个阶段。"我国国家治理体系是在我国历史文化传承、经济社会发展基础上长期演化并改进的结果，与我国基本国情和政治制度相统一。新中国成立为推进国家治理提供了最为关键的前提条件。1982 年全国人大五届五次会议通过新的《中华人民共和国宪法》为我国治理现代化实践提供了重要法律依据。党的十八大以来，以习近平同志为核心的党中央一系列治国理政新理念、新思想、新战略的提出，进而形成的习近平新时代中国特色社会主义思想，为推进国家治理体系和治理能力现代化提供了根本遵循和现实指导。"四个全面"战略布局和十四条基本方略，为国家治理体系和治理能力现代化提供顶层设计。整体审视新中国成立 70 年来治理现代化的实践进程，党和政府建立和完善社会主义制度，建构中国特色的国家治理体系，推动国家治理体系持续变革，促进了政治实践重大创新。因此，完善和发展我国国家制度和治理体系，要从国情出发、从实际出发，既把握长期形成的历史逻辑，又把握党和人民在我国国家制度建设和国家治理方面走过的道路、积累的经验、形成的原则，不能照抄照搬他国制度模式，不走封闭僵化的老路，也不走改旗易帜的邪路，坚定不移走中国特色社会主义道路。

## 文化传统决定国家治理体系和治理能力现代化

所谓文化传统，是指一个民族在长期的历史发展中形成的能够世代相传并主导该民族价值观念、思维方式、行为准则等的文化因素。习近平总书记指出，一个国家的治理体系和治理能力是与这个国家的历史传承和文化传统密切相关的。一个国家治理体系的形成和发展不是无源之水、无本之木，它既不能脱离现实的经济社会条件，也不能脱离具体的历史文化土壤。我国国家治理体系根植于中华文化沃土，具有深厚的中华文化根基。文化深刻影响着国家治理体系的形成和发展，从某种意义上来说，文化也是国家治理体系之魂。因此，必须夯实国家治理体系和治理能力现代化的文化根基，发挥好文化引领作用。

制度是循着文化、制度理念、形成制度的足迹前行的，从这个意义上来说，制度是文化的产物。中国传统文化，历史悠久，博大精深，绵延不断，不仅影响着人们的生活，也影响着国家治理体系和治理能力现代化。

第一，优秀文化传统已经内化于国家治理体系和治理能力现代化的指导思想之中。高举中国特色社会主义伟大旗帜，以马克思列宁主义、毛泽东思想、邓小平理论、“三个代表”重要思想、科学发展观和习近平新时代中国特色社会主义思想为指导，是全面深化改革的指导思想，也是推进国家治理体系和治理能力现代化的灵魂。马克思、列宁研究过中国的历史文化，吸收过其中的合理因素。中国的马克思主义者，更是中国传统文化的学习者、研究者、受益者和倡导者。毛泽东指出:“我们这个民族有数千年的历史，有它的特点，有它的许多珍贵品。……今天的中国是历史的中国的一个发展;我们是马克思主义的历史主义者，我们不应当割断历史。从孔夫子到孙中山，我们应当给以总结，承继这一份珍贵的遗产。这对于指导当前伟大的运动，是有重要的帮助的。”邓小平提出的“不管黄猫黑猫，哪一种方法有利于恢复生产，就用哪一种方法”。江泽民的“始终代表中国最广大人民的根本利益”“一口吃不成个大胖子”，胡锦涛的“以人为本”“不折腾”，习近平总书记的“自强不息”“以民为本”“以和为贵”“协和万邦”等观点，无不体现着中华民族传统文化的精华。这样，中国传统文化就通过融入指导思想的形式直接影响着国家治理体系和治理能力现代化。

第二，文化传统是推进国家治理体系和治理能力现代化的基础性因素。从实际出发，实事求是是马克思主义的基本原则，也是推进国家治理体系和治理能力现代化的基本要求。这个实际，既包括现实的经济、政治等因素，也包括历史文化传统。这个文化传统，不仅影响国家治理体系和治理能力现代化的起点，也影响着国家治理体系和治理能力现代化的过程和结果。

第三，文化传统影响着国家治理主体的能力。文化传统影响国家治理主体的世界观、人生观、价值观，影响国家治理主体的知识文化水平，影响国家治理能力的大小，进而影响国家治理体系和治理能力现代化。习近平总书记指出:“中华优秀传统文化是中华民族的突出优势，是我们最深厚的文化软实力。”“中国传统文化博大精深，学习和掌握其中的各种思想精华，对树立正确的世界观、人生观、价值观很有益处。学史可以看成败、鉴得失、知兴替;学诗可以情飞扬、志高昂、人灵秀;学伦理可以知廉耻、懂荣辱、辨是非。”这些话阐述了文化传统与国家实力的关系，自然也包括与国家治理能力的关系。

第四，文化传统影响着国家治理客体的状况。国家治理客体的状况，直接影响着国家治理的成效。文化传统深深渗透于人们的思想、观念、习俗、信仰、情感之中，深深地影响着人们的生产、生活，影响着人们之间的相互关系，影响着人们思想行为，构成中华民族的深层心理结构，并影响着国家治理。以作为文化传统元素的春节为例，这是中华民族的传统节日，每到春节，远行的人会千方百计回到家乡，同亲人团聚。据发改委测算，春运期间全国旅客发送量上亿人次。如此大规模迁徙，无疑是对国家治理体系和治理能力的重大考验，也反映出文化传统对国家治理的影响。

第五，文化传统影响着国家治理体系和治理能力现代化的环境。良好的环境是实现国家治理体系和治理能力现代化的重要条件。如果今天这里闹事，明天那里爆炸，社会动荡不安，就难以进行国家治理，更谈不上国家治理体系和治理能力现代化。文化传统中和谐相处、团结友爱、与人为善、和为贵、艰苦奋斗等文化观念，与国家治理的方向目标相一致，有利于形成良好的社会环境，促进社会治理。而传统文化中不好的观念，如封建迷信、享乐主义、官僚主义、见利忘义等，与国家治理的方向目标相矛盾，会形成不良的社会风气，对国家治理产生负面影响。无论是负面影响还是正面影响，都显示出文化传统对社会环境，进而对国家治理体系和治理能力现代化的影响。

文化传统对国家治理的影响，使得它成为全世界共同关注的问题。前苏联部长会议主席雷日科夫在《大国悲剧》一书中发出警示："俄国在上世纪 90 年代向西方的急剧倾斜说明，如果对西方思想价值的吸收不采取批判态度，如果不考虑俄罗斯文化特点，而把西方的东西机械地向俄罗斯土地移植，就不可能完善祖国文化，而是使它遭到破坏。""在当代这个瞬息万变的世界上，虽然俄国自身的麻烦和问题不少，但仍然积极努力地在保持与自己伟大历史相称的地位。但遗憾的是这一复兴过程也包含着一定的危险——丧失自己精神世界的某些珍贵特色、生活方式和独特文化的危险。”这也启示我们，要更加重视文化传统对国家治理体系和治理能力现代化，进而对中华民族伟大复兴的影响。

总之，文化传统已经深深地扎根于国家治理体系之中，成为国家治理体系的构成要素，渗透在治理理想、治理目标、治理理念、治理思维、治理方式、治理路径、治理规范等方面，对国家治理体系和治理能力现代化产生着深刻影响。要利用好这种影响，就应该对文化传统下一番功夫，取其精华，弃其糟粕，以达到趋利避害的效果。正如毛泽东所说：“继承中国过去的思想和接受外来思想，并不意味着无条件地照搬，而必须根据具体条件加以采用，使之适合中国的实际。我们的态度是批判地接受我们自己的历史遗产和外国的思想。我们既反对盲目接受我们任何思想也反对盲目抵制任何思想。我们中国人必须用我们自己的头脑进行思考，并决定什么东西能在我们自己的土壤里生长起来。”

习近平总书记强调：“推进国家治理体系和治理能力现代化，绝不是西方化、资本主义化。”我们的国家治理体系，是在我国历史传承和革命建设改革的基础上逐渐形成、内生演化的。国家治理体系需要不断改进，需要现代化，但怎么改进，怎么现代化，我们要有主张、有定力，要以坚持和改善党的领导、坚持和完善中国特色社会主义制度为根本前提和最终目的。否则，就会南辕北辙，出现颠覆性错误，引起经济衰退、政治动荡和社会动乱等严重后果。

## 经济社会发展水平决定国家治理体系和治理能力现代化

有什么样的社会经济发展水平，就会有什么样的国家治理体系。马克思指出：手推磨产生的是封建主的社会，蒸汽磨产生的是工业资本家的社会。社会经济发展水平，是国家治理体系和治理能力的决定性因素。

一个社会的生产力状况，经济社会发展水平，是社会发展进步的决定性因素，决定着社会制度的产生、发展、变化。在我国，经济社会发展水平决定着国家治理体系和治理能力现代化的状况。

第一，经济社会发展水平决定着国家治理体系的产生。我国之所以建立社会主义性质的治理体系，主要是因为我国的经济社会发展足以支撑社会主义性质的治理体系。同时，我们的国家治理体系，如以公有制为主体、多种所有制经济共同发展，按劳分配为主体、多种分配方式并存，社会主义市场经济，人民代表大会制度，共产党领导的多党合作和政治协商制度，民族区域自治制度等，之所以不同于马克思主义经典作家设想的单一的生产资料公有制，产品经济基础上的计划经济，社会主义阶段的按劳分配、共产主义实行按需分配，人民民主，普选制，共产主义社会国家消亡、人的全面自由的发展等国家治理的理想状态，根本原因也在于我们的社会经济发展水平，在于我们的社会主义是在生产力不发达、小农经济占很大比重的基础上起步的。

第二，经济社会发展水平决定着国家治理体系的性质。国家治理体系隶属于社会的上层建筑，经济社会发展水平隶属于社会的生产力和经济基础。生产力和经济基础决定上层建筑的性质，我国的经济社会发展水平，决定了我们要建立人民当家作主的治理体系，如公有制、共产党的领导、人民代表大会制度等，决定了我国国家治理体系的性质是社会主义性质，而不是其他性质。

第三，经济社会发展水平决定着国家治理能力的高低。经济社会发展水平决定了国家治理的物质基础、手段、方式，决定着国家治理能力的大小。如我国数十万亿的国民生产总值，计算机网络、现代通信、交通运输等的发展，都极大地提高了国家治理能力，促进了国家治理能力现代化。

第四，经济社会发展水平决定着国家治理体系和国家治理能力的发展变化。国家治理体系的发展完善，国家治理能力的提升，归根到底取决于经济社会发展水平不断提高。如我国提出全面深化改革、推进国家治理体系和治理能力现代化、简政放权等，直接原因是经过 40 多年的改革开放，社会主义市场经济的发展，现有的国家治理体系和国际治理能力已经不适应经济社会发展水平，必须改革完善。

总之，经济社会发展水平是国家治理体系和治理能力现代化的决定性因素。我们既要根据经济社会发展水平改革和完善国家治理体系，也要通过推进国家治理体系和治理能力现代化，推动经济社会发展，以奠定国家治理体系和治理能力现代化的物质基础。

## 人民抉择决定国家治理体系和治理能力现代化

人民是历史的创造者，是国家治理体系的创造者，是国家治理能力的动力和源泉。建立什么样的治理体系，取决于人民的意志和愿望。

我国之所以建立社会主义国家治理体系，而不是建立资本主义或者中间道路的治理体系，这是人民的愿望和要求，是人民的自觉选择。我们的制度都是党依靠人民建立的。

人民代表大会制度是依靠人民建立的。建立社会主义制度后，国家的一切权力属于人民，怎样保证人民的权力？最后确立了人民代表大会制度。这主要是因为人民代表大会制度为人民参与国家管理提供了一种有效的组织形式：在普选基础上选举各级人大代表，组成国家权力机关；各级人民代表大会，按照人民的意志制定法律法规、决定重大事项、选举和任免国家机构领导人员、监督国家机关的工作；国家机关由人民代表大会产生，对它负责，受它监督，切实贯彻执行人民代表大会及其常委会制定的法律法规或决议。这使得人民彻底摆脱了延续了几千年的剥削阶级的压迫，从根本上实现了当家作主的权利。人民代表大会制度还能够将国家的路线方针政策，上升为全国各族人民的意志，转化为动员和组织全国各族人民拼搏奋斗的强大动力，集中力量办大事，更好地促进经济发展、改善人民生活、保持社会稳定。新中国成立 70 年特别是改革开放 40 多年来，我国综合国力极大增强、人民生活水平显著提高、人民民主不断发展、社会事业全面推进、各民族团结一心的举世瞩目的成就证明，人民代表大会制度符合中国的国情，是中国人民当家作主的重要途径和最高实现形式，具有充分的合理性和强大的生命力，人民选择人民代表大会制度是完全正确的。

中国共产党领导的政治协商制度是人民的抉择。中国共产党领导的多党合作和政治协商制度，是党和人民依据特定的经济社会和历史条件下逐步选择的结果。近代中国的历史实践表明，改良的道路行不通，不推翻腐朽的封建专制，中华民族的独立与复兴就难以实现。中国共产党成立后，按照人民的愿望，勇敢地承担起了这一历史重任。党在领导人民进行新民主主义革命的斗争中，逐步确立了自己的核心领导地位，到解放战争时期基本形成了中国共产党领导的多党合作的政党体制的雏形。历史表明：不顾国情，照搬西方政党制度模式是行不通的；一党独裁，违背历史要求和人民意志，也必然会走向覆亡。新中国成立前夕，民主党派纷纷响应中国共产党的“五一”号召，参加新政协，参与制定《中国人民政治协商会议共同纲领》，参加中央和地方各级人民政权建设，新中国成立后，逐渐发展成为中国共产党领导的多党合作和政治协商制度。

治理体系的发展变化，也取决于人民的意志和愿望。当前，我们正在进行经济、政治、文化、社会、生态文明、军事、外事等各方面制度，加强和完善国家治理，取得历史性成就。促进国家治理体系和治理能力现代化，其根本原因是人民的愿望和要求。从民族区域自治制度的产生和发展变化就可以看出这一点。怎样既维护民族利益又实现国家的团结统一，是全国各族人民的共同愿望，是中国共产党人一直思考的重大课题。新中国成立初期，鉴于当时的民族矛盾，根据共同纲领提出了把民族区域自治作为解决中国民族问题政策的要求，1952 年出台了《中华人民共和国民族区域自治实施纲要》，民族区域自治地方开始陆陆续续地建立起来。1954 年，“民族区域自治”被写进了我国的第一部宪法，此后全国人民代表大会代表人民意愿，历次修改宪法，都把“民族区域自治”作为解决民族问题的基本政策延续下来。1984 年，全国人民代表大会代表人民意愿，颁布《中华人民共和国民族区域自治法》，把我国的民族区域自治纳入了法制化轨道。2001 年，《中华人民共和国民族区域自治法》的修改，进一步把民族区域自治确定为我们国家的基本政治制度，这就由原来长时间地把它作为解决民族问题的基本政策上升为一个基本政治制度。这一过程，也显示出人民对制度发展变化的决定作用。还如，基层群众自治制度，是应基层人民群众的愿望和要求建立的，主要包括“三会”（农村村民委员会、城市居民委员会、企业职工代表大会）等基层群众自治体系。基层群众自治制度的典型特征是直接民主和自我管理，它体现了社会主义民主政治的特点和优势，拓展了社会主义民主政治的发展路径，增强了社会主义民主的广泛性和实效性，提升了人民群众的民主素质。发展基层群众自治的出发点和落脚点是实现好、维护好、发展好人民群众的权益。我国基层群众自治制度的“四大优势”是：与人民群众的切身利益密切相关，能直接反映人民群众的利益诉求；在党和政府的主导下进行，能坚持正确的方向并稳定有序地发展；能与经济社会发展相适应、相促进；党对发展基层群众自治的认识是与时俱进、逐步深化的。这些特征和优势，显示出人民对基层群众自治制度的决定性，也显示出治理体系的发展变化来自于人民的要求。

人民决定着国家治理体系和治理能力现代化的方向。人民是国家的主人。我们推进国家治理体系和治理能力现代化，促进制度体系完善，促使治理能力提高，是为了发展中国特色社会主义、全面建成小康社会、实现社会主义现代化和中华民族伟大复兴的中国梦，归根到底是为了满足人民的愿望和要求。因此，人民决定着国家治理体系和治理能力现代化的最终方向。

CHAPTER



# 第四章

# 国家治理体系和治理能力现代化的方向目标

坚持和完善中国特色社会主义制度、推进国家治理体系和治理能力现代化的总体目标是，到我们党成立一百年时，在各方面制度更加成熟更加定型上取得明显成效；到二〇三五年，各方面制度更加完善，基本实现国家治理体系和治理能力现代化；到新中国成立一百年时，全面实现国家治理体系和治理能力现代化，使中国特色社会主义制度更加巩固、优越性充分展现。习近平总书记指出，我们的方向就是中国特色社会主义道路。沿着这个方向推进国家治理体系和治理能力现代化，重在坚持中国共产党的领导，坚定中国特色社会主义道路自信、理论自信、制度自信和文化自信。

# 坚持中国特色社会主义道路这个方向

中国特色社会主义道路就是在中国共产党领导下，立足基本国情，以经济建设为中心，坚持四项基本原则，坚持改革开放，解放和发展社会生产力，建设社会主义市场经济、社会主义民主政治、社会主义先进文化、社会主义和谐社会、社会主义生态文明，促进人的全面发展，逐步实现全体人民共同富裕，建设富强民主文明和谐美丽的社会主义现代化强国。

中国特色社会主义道路是科学社会主义理论与中国实际相结合的产物，是实践创新和理论创新良性互动的结果。中国道路产生于中国社会实践的发展，产生于中华文明的发展。这并不意味着中国道路是从历史长河中“自然延续”而来。从近代开始，面对西方现代文明的强劲冲击，在人类历史上延续了几千年从未中断的中华文明该向何处去？这是困扰着中华民族的“世纪难题”，中华民族的仁人志士对此进行了一百多年的艰辛探索，才逐步找到了答案。习近平总书记曾说：“只有回看走过的路、比较别人的路、远眺前行的路，弄清楚我们从哪儿来、往哪儿去，很多问题才能看得深、把得准。”

中国特色社会主义道路是共产党人的不懈追求。以毛泽东同志为主要代表的中国共产党人，团结带领全党全国各族人民，完成新民主主义革命，进行社会主义改造，确立社会主义基本制度，曲折探索社会主义建设，积累了社会主义建设的经验教训，奠定了中国特色社会主义道路的基础。以邓小平同志为主要代表的中国共产党人，团结带领全党全国各族人民，深刻总结我国社会主义建设正反两方面经验，借鉴世界社会主义历史经验，作出把党和国家工作中心转移到经济建设上来、实行改革开放的历史性决策，深刻揭示社会主义本质，确立社会主义初级阶段基本路线，开辟了中国特色社会主义道路。以江泽民同志为主要代表的中国共产党人，团结带领全党全国各族人民，坚持党的基本理论、基本路线，在国内外形势十分复杂、世界社会主义出现严重曲折的严峻考验面前捍卫中国特色社会主义，确立党的基本纲领、基本经验，确立社会主义市场经济体制的改革目标和基本框架，开创全面改革开放新局面，推进了中国特色社会主义道路。党的十六大以来，以胡锦涛同志为主要代表的中国共产党人，团结带领全党全国各族人民，抓住重要战略机遇期，在全面建设小康社会进程中，坚持以人为本、全面协调可持续发展，构建社会主义和谐社会，建设生态文明，形成中国特色社会主义事业总体布局，着力保障和改善民生，促进社会公平正义，发展中国特色社会主义道路。党的十八大以来，以习近平同志为主要代表的中国共产党人，面对党和国家事业发展新要求，高举中国特色社会主义伟大旗帜，以邓小平理论、“三个代表”重要思想、科学发展观、习近平新时代中国特色社会主义思想为指导，全面深化改革，凝聚力量，攻坚克难，在中国特色社会主义道路上不断前行。

中国特色社会主义道路是中华民族的伟大复兴之路。鸦片战争以后，中国逐步沦为半殖民地半封建社会。随着列强对中国的侵略步步紧逼，封建统治日益腐败，祖国山河破碎、战乱不已，人民饥寒交迫、备受奴役，先进的中国人进行了积极的探索，最后历史和人民选择了中国共产党。九十多年来，我们党紧紧依靠人民，把马克思主义基本原理同中国实际和时代特征结合起来，独立自主走自己的路，历经千辛万苦，付出各种代价，取得革命建设改革伟大胜利，开创和发展了中国特色社会主义，从根本上改变了中国人民和中华民族的前途命运。

中国特色社会主义道路是中国历史发展的总方向。作为社会主义，它追寻的是人类社会从资本主义发展到社会主义、共产主义的方向。作为特色，它追寻的是从封闭到开放、从古老到现代、从半殖民地半封建社会的旧制度经新民主主义社会到社会主义新制度的方向。

中国特色社会主义道路指明了国家治理体系和治理能力现代化的方向。

一是现代化的方向。建设富强民主文明和谐美丽的社会主义现代化强国，是中国特色社会主义道路的内涵，是对国家治理体系和治理能力现代化的要求，也是国家治理体系和治理能力现代化的方向。沿着这个方向推进国家治理体系和治理能力现代化，就是按照富强民主文明和谐美丽的社会主义现代化强国的要求，来改革完善国家治理体系，提升治理能力，最终达到现代化的要求。

二是社会主义方向。这不仅意味着推进国家治理体系和治理能力现代化，要走中国特色社会主义道路，发展、完善和巩固中国特色社会主义，还意味着国家治理体系和治理能力现代化，特别是国家治理体系，要坚持党的领导，坚持社会主义的经济制度、政治制度、文化制度等制度。沿着这个方向推进国家治理体系和治理能力现代化，就是坚持完善和发展中国特色社会主义与推进国家治理体系和治理能力现代化的有机统一，避免走封闭僵化的老路，也避免走照搬西方、放弃社会主义道路的邪路。

三是中国特色的方向。中国共产党和中国人民在长期实践中，反复探索、不断总结，逐步建立起一套适合我国国情、具有中国特色的国家治理体系和治理模式，包括人民代表大会制度，共产党领导、多党派合作，共产党执政、多党派参政，推行民族区域自治、基层群众自治等。就人民代表大会制度来看，分设很多专业委员会，各司其职，不以利益小团体模式开展活动，避免出现西方议会中的小集团利益纷争。我国数百万人大代表，从事各自的职业，工作生活在人民群众中间，分布在全国各地区各行业，具有广泛的代表性。人大和政府、法院、检察院都是代表人民利益的、为人民服务的，其根本目标相同，只是职责不同、分工不同。他们之间是决定和执行、监督和被监督的关系。这种监督既是一种制约，也是一种促进，既可以使“一府两院”的工作以人大及其常委会为依托，获得强有力的支持；又可以把“一府两院”的工作置于人大及其常委会的监督之下，防止权力滥用，避免出现重大失误。特色就是生命力。沿着中国特色这个方向推进国家治理体系和治理能力现代化，就是要从实际出发，避免照搬照抄，健全具有特色的国家治理体系，创造具有特色的治理能力。

这些方向，归根到底是人民的方向，以人民的需要和利益作为国家治理体系和治理能力现代化的根本方向。

方向关乎成败。过去我们曾经一度认为，一旦建立社会主义公有制，消灭地主阶级和资产阶级，广大人民成为国家主人，新的治理体系会水到渠成，治理能力也会自然提高，但实际情况并没这么简单。第一个社会主义国家苏联，建立社会主义基本经济政治制度后，没有适应国内外形势变化，积极探索有效的国家治理体系，高度集权，致使党和国家政权以及各级干部日益脱离群众，失去了人民的监督和支持，治理能力越来越弱，直至亡败。新中国成立初期，我们以苏联模式为国家治理体系的方向，盲目照搬苏联极权治理体系，导致物资、粮食严重匮乏。后来，我们搞群众运动，让基层群众广泛而直接地参与国家的政治生活，搞“大民主”，国家治理体系紊乱，出现了大动荡。改革开放后，经过改革探索，逐步掌握了国家治理的规律和方向，国家治理体系和治理能力现代化才重新步入正轨。这表明，推进国家治理体系和治理能力现代化，没有方向不行，没有正确的方向更不行，必须坚持中国特色社会主义道路这个方向。

## 瞄准“三个层级”的总体目标

国家治理体系和治理能力现代化，是继工业现代化、农业现代化、国防现代化、科学技术现代化“四个现代化”基础上的“第五个现代化”，没有国家治理体系和治理能力现代化，就没有真正意义上的中国特色社会主义的现代化。为推进国家治理体系和治理能力现代化，中国共产党已经作出了战略安排，提出了“三步走”战略目标。即：到我们党成立一百年时，在各方面制度更加成熟更加定型上取得明显成效；到二〇三五年，各方面制度更加完善，基本实现国家治理体系和治理能力现代化；到新中国成立一百年时，全面实现国家治理体系和治理能力现代化，使中国特色社会主义制度更加巩固、优越性充分展现。

这个目标有三个层级：一是各方面制度更加成熟更加定型，时间节点是建党一百年。二是基本实现国家治理体系和治理能力现代化，时间节点是二〇三五年。三是全面实现国家治理体系和治理能力现代化，中国特色社会主义制度更加巩固、优越性充分展现，时间节点是新中国成立一百年。

从制度更加成熟更加定型，到基本实现国家治理体系和治理能力现代化，再到全面实现国家治理体系和治理能力现代化、中国特色社会主义制度更加巩固、优越性充分展现是目标和要求不断提高的三个层次，是紧密联系、相互依存的三个阶段。因此，我们把这个总体目标称之为“三个层级”的总体目标。

“三个层级”的总体目标是一个分步实施的有机整体。制度更加成熟更加定型是基础和前提，基本实现国家治理体系和治理能力现代化是关键环节和阶段，全面实现国家治理体系和治理能力现代化、中国特色社会主义制度更加巩固、优越性充分展现是前者的进一步发展和提升。坚持和完善中国特色社会主义制度、推进国家治理体系和治理能力现代化，必须把握时间节点，统筹兼顾，夯实基础，抓住关键，全面推进。

确定“三个层级”的总体目标的理论政策依据是党的十九大对全面建设社会主义现代化国家的战略部署。党的十九大报告指出：“从十九大到二十大，是‘两个一百年’奋斗目标的历史交汇期。我们既要全面建成小康社会、实现第一个百年奋斗目标，又要乘势而上开启全面建设社会主义现代化国家新征程，向第二个百年奋斗目标进军。综合分析国际国内形势和我国发展条件，从二〇二〇年到本世纪中叶可以分两个阶段来安排。第一个阶段，从二〇二〇年到二〇三五年，在全面建成小康社会的基础上，再奋斗十五年，基本实现社会主义现代化。到那时，我国经济实力、科技实力将大幅跃升，跻身创新型国家前列；人民平等参与、平等发展权利得到充分保障，法治国家、法治政府、法治社会基本建成，各方面制度更加完善，国家治理体系和治理能力现代化基本实现；社会文明程度达到新的高度，国家文化软实力显著增强，中华文化影响更加广泛深入；人民生活更为宽裕，中等收入群体比例明显提高，城乡区域发展差距和居民生活水平差距显著缩小，基本公共服务均等化基本实现，全体人民共同富裕迈出坚实步伐；现代社会治理格局基本形成，社会充满活力又和谐有序；生态环境根本好转，美丽中国目标基本实现。第二个阶段，从二〇三五年到本世纪中叶，在基本实现现代化的基础上，再奋斗十五年，把我国建成富强民主文明和谐美丽的社会主义现代化强国。到那时，我国物质文明、政治文明、精神文明、社会文明、生态文明将全面提升，实现国家治理体系和治理能力现代化，成为综合国力和国际影响力领先的国家，全体人民共同富裕基本实现，我国人民将享有更加幸福安康的生活，中华民族将以更加昂扬的姿态屹立于世界民族之林。”

“三个层级”总体目标的确定，与党的十九大的这个要求是完全一致的。其原因在于社会主义现代化包含着坚持和完善中国特色社会主义制度、推进国家治理体系和治理能力现代化，全面建设社会主义现代化国家的过程，实际上也是推进国家治理体系和治理能力现代化的过程。

确定“三个层级”的总体目标是由坚持和完善中国特色社会主义制度、推进国家治理体系和治理能力现代化的过程性、渐进性所决定的。任何事物都是一个从量变到质变、从低级到高级的发展过程。中国特色社会主义建设是这样，全面建设社会主义现代化国家是这样，推进国家治理体系和治理能力现代化也是这样。因此，确定“三个层级”的总体目标符合坚持和完善中国特色社会主义制度、推进国家治理体系和治理能力现代化自身的发展规律。

# 坚持中国共产党领导

党的领导，是指马克思主义政党对无产阶级革命事业和社会主义建设事业与改革开放事业的正确引导。马克思、恩格斯之所以强调党的领导，主要是基于在整个人类社会发展进程中，任何一项大的认识和改造客观世界的实践活动，都是有组织的活动，都需要有一个领导核心。而这个领导核心之所以是共产党，是因为无产阶级的最高原则与历史使命就是打破资本主义旧世界，创造一个人人共享幸福的共产主义新世界，同时在斗争中使自己获得彻底解放。从这个意义上讲，共产党从诞生的第一天起，就决定了她是无产阶级和全人类解放事业的组织者和领导者。坚持中国共产党领导是历史的选择，人民的选择。中国共产党从她诞生的那一天起，与人民同甘苦、共患难，心连心，血浓于水。党是人民的领路人，人民群众是党的力量源泉。

坚持中国共产党领导是坚持中国特色社会主义道路这个方向的根本保证。中国共产党是以社会主义和共产主义为使命的政党，是中国特色社会主义道路的开辟者，是我们始终坚持走中国特色社会主义道路的组织保证。没有共产党的领导，就不会有立足基本国情，以经济建设为中心，坚持四项基本原则，坚持改革开放，解放和发展社会生产力，建设社会主义市场经济、社会主义民主政治、社会主义先进文化、社会主义和谐社会、社会主义生态文明，促进人的全面发展，逐步实现全体人民共同富裕，建设富强民主文明和谐美丽的社会主义现代化强国的中国特色社会主义道路。

坚持中国共产党领导是实现坚持和完善中国特色社会主义制度、推进国家治理体系和治理能力现代化的总体目标的根本保证。中国共产党是坚持和完善中国特色社会主义制度、推进国家治理体系和治理能力现代化的总体目标的提出者、领导者和推动实践者。从国家治理体系来看，国家治理体系是以国家政权为核心的统领性组织系统，中国共产党是国家治理体系的领导核心。党的十八届三中全会在公报中第一次提出推进国家治理体系和治理能力现代化时就强调，核心内涵是党的领导。历史证明了中国共产党领导对国家治理的重大作用。中国现代意义上的国家治理体系肇始于新中国成立前的半封建半殖民地时期。彼时，国家治理体系出现全面性解体与整体性危机，急须强大的组织担负起国家治理体系全面重建的历史重任。那时现代国家治理模式，有欧美模式与苏联模式。在反复比较中，中国共产党选择了苏联这种共产党领导下的国家治理体系。这种模式在新中国成立前的解放区已经显露雏形，在对社会的渗透、汲取与协调过程中发挥了积极作用，组织动员了社会各方面的力量，最终打败了国民党，赢得了新中国的胜利。新中国成立后，经过新中国成立初期社会主义建设和十年“文革”浩劫，总结经验教训，中国共产党的国家治理体系从革命转向建设发展、从管理转向治理，逐渐成熟。改革开放以来，中国共产党领导下的国家治理体系在各个领域都取得了巨大成就，有效化解了各种危机。如20世纪90年代，苏共政权的瓦解令西方国家产生了共产党政权多米诺骨牌效应的预期，预测中国会成为下一个骨牌。在国内，经济改革的阵痛引发了诸多社会转型问题，如国营企业亏损、银行坏账、大量失业潮与官员腐败，等等，引发了有关“中国崩溃论”的猜想。但事实却是“中国崛起”代替“中国崩溃”，抗击“非典”、承办奥运会，一改西方世界“妖魔化中国”的形象，并在此基础上形成了中华民族伟大复兴的中国梦。究其原因，正是走中国特色社会主义道路，坚持中国共产党对国家治理体系和治理能力现代化的坚强领导。

中国共产党，有科学的指导思想，有严密的组织体系，有庞大的先进队伍，完全有能力肩负起坚持中国特色社会主义道路、实现总体目标的领导重任。

坚持中国共产党领导，走中国特色社会主义道路，实现坚持和完善中国特色社会主义制度、推进国家治理体系和治理能力现代化的总体目标，要全面从严治党。坚持和加强党的全面领导，坚持党要管党、全面从严治党，以加强党的长期执政能力建设、先进性和纯洁性建设为主线，以党的政治建设为统领，以坚定理想信念宗旨为根基，以调动全党积极性、主动性、创造性为着力点，全面推进党的政治建设、思想建设、组织建设、作风建设、纪律建设，把制度建设贯穿其中，深入推进反腐败斗争，不断提高党的建设质量，把党建设成为始终走在时代前列、人民衷心拥护、勇于自我革命、经得起各种风浪考验、朝气蓬勃的马克思主义执政党，使党始终成为坚持和完善中国特色社会主义制度、推进国家治理体系和治理能力现代化的坚强领导核心。

要坚定维护党中央权威和集中统一领导。这就是要牢固树立政治意识、大局意识、核心意识、看齐意识，向党中央看齐，向党的理论和路线方针政策看齐，向党中央决策部署看齐，做到党中央提倡的坚决响应、党中央决定的坚决执行、党中央禁止的坚决不做，自觉在思想上政治上行动上同以习近平同志为核心的党中央保持高度一致，坚决维护习近平总书记党中央的核心、全党的核心地位，坚决维护党中央权威和集中统一领导，为坚持和完善中国特色社会主义制度、推进国家治理体系和治理能力现代化提供坚强的组织保证。

坚持党的领导，推进国家治理体系和治理能力现代化可从以下几方面着手：

第一，意识形态建设。这是坚持在党的领导下推进国家治理体系和治理能力现代化的有效武器。马克思主义认为，意识形态被用来维护现行秩序及统治阶级的利益，它是一种世界观和价值观，具有凝聚政治组织成员的作用。意识形态与国家治理能力相结合，具有以下作用：一是掌握意识形态领导权，引领国家治理体系和治理能力现代化的方向；二是意识形态要求国家治理领域直接向社会大众开放以便动员群众；三是在对民众启蒙的基础上，动员群众进行国家治理集体实践。中国共产党将意识形态与国家治理体系和治理能力现代化融为一体，通过把共同信念、自我认知、理想价值以及各种具有支配性权威的思想和主张作为认同基础，进而凝聚社会共识，巩固政治秩序，规范群众政治行为，实现了意识形态建设与国家治理体系和治理能力现代化的统一。

第二，党组织对党员干部的配置。“党领导国家”过程中形成的“国家治理能力”实质上是由党员或党的组织机器所汇集起来的协同效果。党对国家治理的领导主要体现在按照信念坚定、为民服务、勤政务实、敢于担当、清正廉洁的要求，选拔任用干部，并通过促使干部正确行使人民赋予的权力，来实现对国家的治理。

第三，党的治理与其他组织治理相结合。这是国家治理体系和治理能力现代化的特色。在国家治理的组织体系中，党处于领导地位。通过建立各级党的组织、制定执行党的政策、选派党的干部等途径，党实现了对其他机构的领导，实现了党的治理与行政、司法等组织治理的有机结合，形成了以党为“核心”，贯穿宣传、纪律、人大、政协、政府、群众组织、社会团体等组织，贯穿社会各阶层的国家治理组织体系，增强了党的国家治理能力。

# 坚定“四个自信”

自信就是力量。坚持正确方向，围绕“三个层级”的总体目标，坚持和完善中国特色社会主义制度、推进国家治理体系和治理能力现代化，要坚定中国特色社会主义的“四个自信”，即道路自信、理论自信、制度自信和文化自信。

## 一、坚定中国特色社会主义道路自信

这种自信来源于科学、实践和人民。中国特色社会主义道路坚持中国共产党的领导，切合中国国情，符合生产力决定生产关系、经济基础决定上层建筑基本原理，符合社会主义社会全面发展的要求，是一条正确的发展道路。人民群众是中国特色社会主义道路的主体，是中国特色社会主义道路的开辟者；中国特色社会主义道路以人的全面发展、逐步实现全体人民共同富裕为目标，体现着人民群众的根本利益，是人民群众的富裕路、幸福路。实践是检验真理的唯一标准。沿着中国特色社会主义道路，我国社会生产力、经济实力、科技实力迈上一个大台阶，人民生活水平、居民收入水平、社会保障水平迈上一个大台阶，综合国力、国际竞争力、国际影响力迈上一个大台阶，国家面貌发生新的历史性变化，证明了这条道路的正确性。坚信中国特色社会主义道路自信，就是坚信科学、实践和人民。

## 二、坚定中国特色社会主义理论自信

科学理论都是一个或大或小的知识系统，是一个体系。中国特色社会主义理论体系是中国特色社会主义的行动指南，包括邓小平理论、“三个代表”重要思想、科学发展观和习近平新时代中国特色社会主义思想。

邓小平理论是在和平与发展成为时代主题的历史条件下，在我国改革开放和现代化建设的实践中，在总结我国社会主义胜利和挫折的历史经验并借鉴其他社会主义国家兴衰成败历史经验的基础上，逐步形成和发展起来的。它第一次比较系统地初步回答了中国社会主义的发展道路、发展阶段、根本任务、发展动力、外部条件、政治保证、战略步骤、党的领导和依靠力量以及祖国统一等一系列基本问题，指导我们党制定了在社会主义初级阶段的基本路线。它是贯通哲学、政治经济学、科学社会主义等领域，涵盖经济、政治、科技、教育、文化、民族、军事、外交、统一战线、党的建设等方面比较完备的科学体系，又是需要从各方面进一步丰富发展的科学体系。

“三个代表”重要思想是对马克思列宁主义、毛泽东思想和邓小平理论的继承和发展，反映了当代世界和中国的发展变化对党和国家工作的新要求，是加强和改进党的建设、推进我国社会主义自我完善和发展的强大理论武器，是全党集体智慧的结晶，是党必须长期坚持的指导思想。其核心内容是始终代表中国先进生产力的发展要求，始终代表中国先进文化的前进方向，始终代表中国最广大人民的根本利益。

科学发展观是同马克思列宁主义、毛泽东思想、邓小平理论、“三个代表”重要思想既一脉相承又与时俱进的科学理论，是马克思主义关于发展的世界观和方法论的集中体现，是马克思主义中国化重大成果，是中国共产党集体智慧的结晶，是发展中国特色社会主义必须长期坚持的指导思想。其第一要义是发展，核心是以人为本，基本要求是全面协调可持续，根本方法是统筹兼顾。

习近平新时代中国特色社会主义思想是对马克思列宁主义、毛泽东思想、邓小平理论、“三个代表”重要思想、科学发展观的继承和发展，是马克思主义中国化最新成果，是党和人民实践经验和集体智慧的结晶，是中国特色社会主义理论体系的重要组成部分。其主题是新时代坚持和发展什么样的中国特色社会主义、怎样坚持和发展中国特色社会主义。其要义是“八个明确”“十四个基本方略”。

中国特色社会主义理论自信也源自于科学、实践和人民。中国特色社会主义理论体系是社会主义的理论成果，坚持了科学社会主义基本原则，科学地回答了什么是社会主义、怎样建设社会主义，建设什么样的党、怎样建设党，实现什么样的发展、怎样发展等一系列重大理论和实践问题，深化了对共产党执政规律、社会主义建设规律、人类社会发展规律的认识，是当代中国的马克思主义。中国特色社会主义理论体系来自于实践，服务于实践，是指导中国特色社会主义实践的科学世界观和方法论。中国特色社会主义的成功实践也证明了中国特色社会主义理论的正确性。理论具有阶级性。中国特色社会主义理论不仅科学地总结了人民群众的实践经验，而且强调共同富裕，始终代表中国最广大人民的根本利益。坚定中国特色社会主义理论自信，就是坚信科学、实践和人民。

## 三、坚定中国特色社会主义制度自信

制度具有根本性、全局性、稳定性和长期性。中国特色社会主义制度是中国特色社会主义的根本保障，包括人民代表大会制度、中国共产党领导的多党合作和政治协商制度、民族区域自治制度以及基层群众自治制度等基本政治制度，中国特色社会主义法律体系，公有制为主体、多种所有制经济共同发展的基本经济制度，以及建立在这些制度基础上的经济体制、政治体制、文化体制、社会体制等各项具体制度。

中国特色社会主义制度自信还是源自于科学、实践和人民。中国特色社会主义制度是马克思主义制度理论与中国实际和时代特征相结合的产物，是中国共产党人的伟大创造；人民代表大会制度、中国共产党领导的多党合作和政治协商制度、民族区域自治制度以及基层群众自治制度等基本政治制度，中国特色社会主义法律体系，反映了社会主义经济基础的要求；公有制为主体、多种所有制经济共同发展的基本经济制度，反映了社会主义初级阶段生产力的发展要求；社会主义现阶段的经济体制、政治体制、文化体制、社会体制等各项具体制度，反映了社会主义制度的要求；这些体现着马克思主义的基本原理，如共产党的领导、人民民主、生产资料公有制，体现着生产力决定生产关系、经济基础决定上层建筑、制度决定体制等基本原理，具有科学性。

中国特色社会主义制度是人民的创造，是人民的制度，体现着人民当家作主的愿望和要求，体现着人民共同富裕的愿望和要求，是人民物质利益和政治利益的根本保证。评价一种制度，关键要看三条：一看是否有利于政局稳定；二看是否有利于增进人民团结，改善人民生活；三看是否有利于生产力发展。中国特色社会主义制度不同于西方“三权分立”的多党制，不同于民族共和国联邦制，不同于相对单一的经济制度，是适合我国现阶段国情，具有中国特色的政治制度、经济制度及其体制。改革开放40多年的历程和成就表明，这种制度，有利于调动广大人民群众的积极性、主动性、创造性，促进社会生产力的发展，改善人民生活，实现共同富裕；有利于民族团结、民族平等、各民族共同繁荣，保持中华民族大家庭的团结和谐；有利于集中力量办大事，有效应对各种风险和挑战，保持社会政局稳定。我们能够避免传统社会主义解体、剧变的悲剧，跳出一些发展中国家一盘散沙、战乱分裂的陷阱，靠的就是这种制度的巨大优势。坚定中国特色社会主义制度自信，也是坚信科学、实践和人民。

### 四、坚定中国特色社会主义文化自信

中国特色社会主义文化，是以马克思主义为指导，坚守中华文化立场，

坚持为人民服务、为社会主义服务的方向，坚持百花齐放、百家争鸣的方针，坚持贴近实际、贴近生活、贴近群众的原则，以培育有理想、有道德、有文化、有纪律的公民为目标，建设面向现代化、面向世界、面向未来的，民族的科学的大众的社会主义文化。习近平总书记指出："文化自信，是更基础、更广泛、更深厚的自信。"

中国特色社会主义文化，坚持马克思主义特别是习近平新时代中国特色社会主义思想为指导，面向现代化、面向世界、面向未来，贴近实际、贴近生活、贴近群众，反映了中国特色社会主义文化发展的规律，是一种科学的文化。中国特色社会主义文化，是为了人民、人民创造、人民享有的大众文化，凝聚着各族人民的经验和智慧，是全国各族人民的伟大创造。中国特色社会主义文化，坚守中华文化立场、立足当代中国现实、结合当今时代条件的文化，传承着中华民族优秀文化基因，凝结着中国共产党人推进文化建设的实践经验，彰显着民族精神和时代精神，是符合人类文化发展趋势，能够引领社会风尚、教育人民、服务社会、推动发展，满足人民需要的文化。坚定中国特色社会主义文化自信，仍然是坚信科学、实践和人民。

中国特色社会主义是道路、理论、制度和文化的有机整体，坚定中国特色社会主义的道路自信、理论自信、制度自信和文化自信密不可分，四者统一于中国特色社会主义的实践、理论、制度和文化之中。我们应以自信的实践，丰富自信的理论，完善自信的制度，升华自信的文化；以自信的理论，指导自信的实践、自信的制度和自信的文化；以自信的制度，支撑自信的实践，坚持自信的理论，强化自信的文化。

自信产生坚定坚持和完善中国特色社会主义制度、推进国家治理体系和治理能力现代化的勇气和力量。习近平总书记指出："有了'自信人生二百年，会当水击三千里'的勇气，我们就能毫无畏惧面对一切困难和挑战，就能坚定不移开辟新天地、创造新奇迹。”“四个自信”是坚持和完善中国特色社会主义制度、推进国家治理体系和治理能力现代化的四大动力。我们要紧密地团结在以习近平同志为核心的党中央周围，坚定“四个自信”，保持战略定力，锐意进取，克难攻坚，开拓创新，善始善终，善作善成，一步步地实现坚持和完善中国特色社会主义制度、推进国家治理体系和治理能力现代化的总体目标，实现社会主义现代化和中华民族伟大复兴的中国梦。

# 第五章

# 推动中国特色社会主义制度更加成熟定型、完善巩固和优越性充分展现

制度体系是国家治理体系和治理能力现代化的首要内容，是国家治理体系和治理能力现代化的物质基础和根本保证。坚持和完善中国特色社会主义制度，推动中国特色社会主义制度更加成熟更加定型、更加完善更加巩固、优越性充分展现，是推进国家治理体系和治理能力现代化的目标任务。习近平总书记指出，摆在我们面前的一项重大历史任务，就是推动中国特色社会主义制度更加成熟更加定型，为党和国家事业发展、为人民幸福安康、为社会和谐稳定、为国家长治久安提供一整套更完备、更稳定、更管用的制度体系。

# 制度更带有根本性、全局性、稳定性和长期性

中国特色社会主义制度是党和人民在长期实践探索中形成的科学制度体系，国家治理体系和治理能力是中国特色社会主义制度及其执行能力的集中体现。新中国 70 年取得的历史性成就充分证明，中国特色社会主义制度是当代中国发展进步的根本保障。中国特色社会主义制度和国家治理体系是以马克思主义为指导、植根中国大地、具有深厚中华文化根基、深得人民拥护的制度和治理体系，是具有强大生命力和巨大优越性的制度和治理体系，是能够持续推动拥有近 14 亿人口大国进步和发展、确保拥有五千多年文明史的中华民族实现“两个一百年”奋斗目标进而实现伟大复兴的制度和治理体系。实践充分表明，我国国家制度和国家治理体系具有多方面的显著优势，这些显著优势，是我们坚定中国特色社会主义道路自信、理论自信、制度自信、文化自信的基本依据。

制度问题，是中国一切问题的根本。邓小平指出，制度好可以使坏人无法任意横行，制度不好可以使好人无法充分做好事，甚至会走向反面。领导制度、组织制度问题更带有根本性、全局性、稳定性和长期性。中国特色社会主义制度，是具有鲜明中国特色、明显制度优势、强大自我完善能力的先进制度。习近平总书记强调指出：各级党委和政府以及领导干部要增强制度意识，善于在制度的轨道上推进各项事业。广大党员、干部要做制度执行的表率，引领全社会增强制度意识，自觉维护制度权威。

制度关乎根本。制度是党和国家赖以生存、发展和履行自身职责的规范，是运行机制、保障机制和约束机制。党和国家的领导制度好，党和国家的一切工作运转就会沿着正确的轨道前进，就可以使党和国家充满生机和活力，不断发展壮大；制度不好或制度不健全，就无法有效地约束违背党和人民利益的行为，不正之风和腐败现象就会产生、蔓延，从而妨碍党和国家肌体的健康，甚至可能使党和国家变质。

制度关乎全局。党和国家的制度，如民主集中制，不是只与党的工作的某一具体方面相联系，而是与党的各种规范相互依存、相互制约，反映党的整体意志的有机系统。当然，党的制度内容丰富、特点鲜明、种类多样、体系严密，不同层次、不同方面的制度的功能不同，各项制度的完善与否对党的工作、党的建设和党务工作的全局都会产生不同的影响。

制度关乎稳定和未来。党和国家的制度是党和国家必须共同遵守的办事规程和行动准则。作为党和人民的整体意志的体现，制度排除了少数人特别是个别领导者的意志以制度的形式强加于多数人甚至党和国家的现象。如，党的各项制度是经全党各级代表大会集中讨论、表决通过的。它的制定、修改和终止只能由党的各级代表大会及其常委会和其他党的权力机关按照一定的程序作出决定，不会因领导人的更迭而失效，也不会因领导人的个人看法而改变或废止。这样，党的制度建设与发展在制度化、法制化和程序化的进程中，被赋予了政治和体制的双向稳定性，使党的政治权威和政治领导水平实现良性互动，因而具有稳定性。党的制度规定了党的组织结构、组织职能、权限、活动范围和工作方式，规定了党员个人的活动范围、行为方式，指明了党组织和党员应该做什么、不应该做什么，应该怎样做、不应该怎样做以及违反了这些规定所应承担的后果等一系列基本问题。这些基本的东西一旦形成，便不易变动，具有长期性。

制度的根本性、全局性、稳定性和长期性，为我们保持党和国家长治久安，在稳定中推进经济社会发展，提供了坚强保证。保持党和国家制度稳定，必须坚持法律面前人人平等、制度面前没有特权、制度约束没有例外的观念，认真学习制度，严格执行制度，自觉维护制度。必须坚持党的领导制度，坚持人民代表大会制度，中国共产党领导的多党合作和政治协商制度，民族区域自治制度，基层群众自治制度，公有制为主体、多种所有制经济共同发展的基本经济制度等制度，切实把其落到实处。

当然，制度的根本性、全局性、稳定性和长期性，并非意味着制度不需要改革，一直不变。恰恰相反，随着社会的发展进步、形势的变化、观念和需要的更新，制度是需要不断改革和完善的。历史上王朝的更替，新王朝取代旧王朝，就是随着社会经济发展，出现新的符合当时社会要求的政治主张、革新思想，通过革命建立新制度。制度还要符合当地的实际情况，各地的情况千差万别，制度也要同各地的实际情况相适应。再加上我们制度上的一些缺失，迫切要求我们深化改革，完善制度体系，为推进国家治理体系和治理能力现代化奠定坚实的基础。

中国特色社会主义制度在成功应对一系列重大风险挑战、克服无数艰难险阻中展现出巨大优势，并在改革创新中越来越完善。事实充分证明，在中国大地上，中国特色社会主义制度是一套行得通、真管用、有效率的制度体系。随着中国日益走近世界舞台中央，越来越多的国家和有识之士开始探究中国取得巨大成就的原因，并逐渐把目光聚焦于中国的制度。改革开放以来，中国经济持续快速发展，多年来对世界经济增长的贡献率超过 30%。事实上，中国对世界的贡献不仅是物质和经济上的，也包括制度探索中的经验和智慧。中国特色社会主义制度和国家治理体系，植根中华民族 5000 多年文明史所积淀的深厚历史文化传统，吸收借鉴了人类制度文明有益成果，经过长期实践检验，为推动党和国家事业取得历史性成就、发生历史性变革发挥了重大作用。

# 坚持和完善根本制度、基本制度、重要制度

坚持和完善中国特色社会主义制度、推进国家治理体系和治理能力现代化，是全党的一项重大战略任务。中国特色社会主义制度是党和人民在长期实践探索中形成的科学制度体系，我国国家治理一切工作和活动都依照中国特色社会主义制度展开。资本主义在发展过程中，用了数百年时间，其制度才慢慢成熟和定型下来，形成了一些有代表性的资本主义国家制度体系。科学社会主义运动从开始形成制度到今天，只有百年历史，新中国社会主义制度建设史只有 70 年。中国仅用了 70 年时间，就构建起根本制度、基本制度、重要制度相辅相成的全面、完整的中国特色社会主义科学制度体系，既表明社会主义在中国取得了巨大成功，也表明中国共产党人在以习近平同志为核心的党中央带领下，对共产党执政规律、社会主义建设规律、人类社会发展规律的把握，升华到全新的理论和实践高度。

中国特色社会主义制度是中国共产党自建立以来，团结带领广大人民艰苦探索和勇于实践的结果，在长期的革命、建设和改革实践中积累了丰富的经验，具有无比的优越性。坚持和完善中国特色社会主义制度，推进国家治理体系和治理能力现代化，必须坚持和完善支撑中国特色社会主义制度的根本制度、基本制度、重要制度。《中共中央关于坚持和完善中国特色社会主义制度、推进国家治理体系和治理能力现代化若干重大问题的决定》强调："突出坚持和完善支撑中国特色社会主义制度的根本制度、

基本制度、重要制度，着力固根基、扬优势、补短板、强弱项，构建系统完备、科学规范、运行有效的制度体系。”这是我们党第一次将重要制度与根本制度、基本制度并列提出，构成制度体系不可或缺的有机组成部分，是对新中国成立以来我国制度建设的经验总结，对今后坚持和完善中国特色社会主义制度、推进国家治理体系和治理能力现代化，具有十分重要的理论和实践指导意义。

## 一、坚持和完善根本制度

什么是根本制度？目前人们的认识不完全一致。施芝鸿认为，根本制度，就是在中国特色社会主义制度中起顶层决定性、全域覆盖性、全局指导性作用的制度。根本制度是覆盖我们党“五位一体”总体布局、“四个全面”战略布局，覆盖改革发展稳定、内政外交国防、治党治国治军等一切方面、所有领域的。其中，党的集中统一领导制度和全面领导制度是我们党和国家的根本领导制度；人民代表大会制度是我国的根本政治制度；马克思主义在意识形态领域指导地位的制度是我国的根本文化制度；共建共治共享是我国的根本社会治理制度；党对人民军队的绝对领导是我国的根本军事制度。[1]何毅亭认为，根本制度，是指那些反映中国特色社会主义制度本质内容和根本性特征、体现中国特色社会主义质的规定性的制度，是立国的根本。如党的领导制度、人民代表大会制度、马克思主义在意识形态领域指导地位的根本制度、党对人民军队的绝对领导制度等。[2]

本文认为，根本制度是决定和规范中国特色社会主义根本性质的本源性、根本性、系统性规定。根本制度，动摇不得，一动摇，就会动摇中国

[1] 施芝鸿：《坚持和完善中国特色社会主义制度、推进国家治理体系和治理能力现代化必须坚持的总体要求和总体目标》，《光明日报》2019年12月2日。

[2] 何毅亭：《马克思主义国家学说的新发展——党的十九届四中全会的“九个首次”》，《学习时报》2019年11月18日。

特色社会主义性质。中国共产党是马克思主义与中国工人运动相结合的产物。新中国是党领导人民军队打下的。没有马克思主义，没有共产党，没有无产阶级和人民群众，没有人民军队，就不可能有新中国，也不会有中国特色社会主义。同时，制度往往是或大或小的制度体系。因此，根本制度主要包括党的领导制度、人民代表大会制度、马克思主义在意识形态领域指导地位的根本制度、党对人民军队的绝对领导制度。从体系的视角来看，根本制度大体涉及十九届四中全会明确的13项制度中的党的领导制度体系、人民当家作主制度体系、马克思主义在意识形态领域指导地位的根本制度和党对人民军队的绝对领导制度。

坚持和完善根本制度，要做到以下几点：

首先是坚持根本制度。这就是毫不动摇地坚持党的领导制度、人民代表大会制度、马克思主义在意识形态领域指导地位的根本制度和党对人民军队的绝对领导制度，确保党和国家的社会主义性质永不变色。

其次是完善根本制度。这就是在坚持根本制度的前提下，坚持和完善党的领导制度，建立不忘初心、牢记使命制度，完善坚定维护党中央权威和集中统一领导的各项制度，健全党的全面领导制度，健全为人民执政、靠人民执政各项制度，健全提高党的执政能力和领导水平制度，完善全面从严治党制度，并完善相关基本制度和具体制度，形成以党的领导制度为核心的科学制度体系。坚持和完善人民代表大会制度，坚持人民主体地位，坚定不移走中国特色社会主义政治发展道路，坚持党的领导、人民当家作主、依法治国的有机统一，支持和保证人民通过人民代表大会行使国家权力，支持和保证人大及其常委会依法行使职权，健全人大组织制度、选举制度和议事规则，并完善相关基本制度和重要制度，形成人民代表大会制度为核心的人民当家作主的科学制度体系。坚持和完善马克思主义在意识形态领域指导地位的根本制度，全面贯彻落实习近平新时代中国特色社会主义思想，健全用党的创新理论武装全党、教育人民工作体系，完善党委（党组）理论学习中心组等各层级学习制度，深入实施马克思主义理论研究和建设工程，落实意识形态工作责任制，并完善相关基本制度和重要制度，形成以马克思主义在意识形态领域指导地位的根本制度为核心的科学制度体系。坚持和完善党对人民军队的绝对领导制度，坚持人民军队最高领导权和指挥权属于党中央，健全人民军队党的建设制度体系，把党对人民军队的绝对领导贯彻到军队建设各领域全过程，并完善相关基本制度和具体制度，形成以党对人民军队的绝对领导制度为核心的科学制度体系。

最后是完善根本制度体系。这就是使以党的领导制度为核心的科学制度体系、以人民代表大会制度为核心的人民当家作主的科学制度体系、以马克思主义在意识形态领域指导地位的根本制度为核心的科学制度体系和以党对人民军队的绝对领导制度为核心的科学制度体系紧密结合、相互配合，形成更大更全面的根本制度体系，发挥根本制度的显著优势，提升根本制度的效能，确保中国特色社会主义性质永不变色。

## 二、坚持和完善基本制度

什么是基本制度？目前人们的认识也不完全一致。施芝鸿认为，基本制度，就是通过贯彻和体现国家政治生活、经济生活的基本原则、对国家经济社会发展等发挥重大影响的制度。基本制度也是覆盖和体现在各领域各方面的。比如，体现在政治领域，就是中国共产党领导的多党合作和政治协商制度、民族区域自治制度、基层群众自治制度这三大基本政治制度；体现在经济领域，就是公有制为主体、多种所有制共同发展，按劳分配为主体、多种分配方式并存，社会主义市场经济体制等三大基本经济制度。在这“三大基本经济制度”之前加上一个“等”字就是表明：我国各领域各方面基本制度是会随着实践发展而逐步扩容的。[1] 何毅亭认为，基本制度，是指那些体现我国社会主义性质，框定国家基本形态、规范国家政治关系和经济关系的制度。如中国共产党领导的多党合作和政治协商制度、民族区域自治制度、基层群众自治制度、社会主义基本经济制度等。[2]

本文认为，基本制度是体现根本制度要求，决定和规范中国特色社会主义某一方面性质的基础性规定。大体涉及十九届四中全会明确的 13 项制度中的基本经济制度、基本政治制度、先进文化制度、民生保障制度、社会治理制度和生态文明制度体系。

坚持和完善基本制度，要做到以下几点：

首先是坚持基本制度。这就是坚持公有制为主体、多种所有制经济共同发展，按劳分配为主体、多种分配方式并存，社会主义市场经济体制等社会主义基本经济制度，巩固社会主义经济基础。坚持中国共产党领导的多党合作和政治协商制度、民族区域自治制度和基层群众自治制度等基本政治制度，确保人民依法管理国家事务、经济文化事业和社会事务。坚持由以社会主义核心价值观引领文化建设制度，人民文化权益保障制度，正确导向的舆论引导工作机制，把社会效益放在首位、社会效益和经济效益相统一的文化创作生产体制机制等构成的社会主义先进文化制度，巩固全体人民团结奋斗的共同思想基础。坚持由有利于更充分更高质量就业的促进机制、服务全民终身学习的教育体系、覆盖全民的社会保障体系、提高人民健康水平的保障制度等构成的统筹城乡的民生保障制度，满足人民日

[1] 施芝鸿：《坚持和完善中国特色社会主义制度、推进国家治理体系和治理能力现代化必须坚持的总体要求和总体目标》，《光明日报》2019 年 12 月 2 日。

[2] 何毅亭：《马克思主义国家学说的新发展——党的十九届四中全会的“九个首次”》，《学习时报》2019 年 11 月 18 日。

益增长的美好生活需要。坚持由正确处理新形势下人民内部矛盾有效机制、社会治安防控体系、公共安全体制机制、基层社会治理新格局、国家安全体系等构成的共建共治共享的社会治理制度，保持社会稳定、维护国家安全。坚持由最严格的生态环境保护制度、资源高效利用制度、生态保护和修复制度、生态环境保护责任制度等制度构成的生态文明制度体系，促进人与自然和谐共生、中华民族永续发展。

其次是完善各项基本制度。这就是按照社会生产力发展的要求，坚持和完善社会主义基本经济制度，调节收入分配关系，防止两极分化，发挥政府和市场“两只手”的作用，实现资源有效配置，促进经济高质量发展，实现共同富裕。坚持人民主体地位，改革和完善社会主义基本政治制度，丰富民主形式，拓宽民主渠道，依法实行民主选举、民主协商、民主决策、民主管理、民主监督，更好地体现人民意志、保障人民权益、激发人民创造。要坚定文化自信，牢牢把握社会主义先进文化前进方向，围绕举旗帜、聚民心、育新人、兴文化、展形象的使命任务，改革和完善社会主义先进文化制度，坚持为人民服务、为社会主义服务，坚持百花齐放、百家争鸣，创造性转化、创新性发展，激发全民族文化创造活力，构筑中国精神、中国价值、中国力量。要按照增进人民福祉、促进人的全面发展这个本质要求，改革完善统筹城乡的民生保障制度，健全幼有所育、学有所教、劳有所得、病有所医、老有所养、住有所居、弱有所扶等国家基本公共服务制度体系，保障群众基本生活，并创新公共服务提供方式，满足人民多层次多样化需求，使改革发展成果更多更公平惠及全体人民。要根据社会主要矛盾的新变化和人民内部矛盾的新特点，改革完善社会治理制度，完善党委领导、政府负责、民主协商、社会协同、公众参与、法治保障、科技支撑的社会治理体系，建设人人有责、人人尽责、人人享有的社会治理共同体，确保人民安居乐业、社会安定有序，建设更高水平的平安中国。要绿水青山就是金山银山的理念，改革完善生态文明制度，坚定走生产发展、生活富裕、生态良好的文明发展道路，建设美丽中国。

最后是完善基本制度体系。这就是使中国特色社会主义的基本经济制度、基本政治制度、先进文化制度、民生保障制度、社会治理制度和生态文明制度体系相互配合，相互促进，形成科学完善的基本制度体系。其中，基本经济制度处于基础性的决定地位。发挥基本制度体系的优势和效能，保持中国特色社会主义性质，促进中国特色社会主义的健康发展。

## 三、坚持和完善重要制度

什么是重要制度？目前人们的认识还不完全一致。施芝鸿认为，重要制度，就是由根本制度和基本制度派生而来的、国家治理各领域各方面各环节的具体的主体性制度。它包括我国经济体制、政治体制、文化体制、社会体制、生态文明体制、法治体系、党的建设制度等。这些重要制度上接国家治理之顶层，下连社会生产生活方方面面之基层。比较来看，在贯彻落实本次全会《决定》精神，构建系统完备、科学规范、运行有效的制度体系方面，创新和完善空间最大的是重要制度。[1] 何毅亭认为，重要制度，是指那些由根本制度、基本制度派生的国家治理各领域各方面的主体性制度。如经济、政治、文化、社会、生态文明、军事、外事等领域的主体性制度。[2]

本文认为，重要制度，就是由根本制度和基本制度派生而来的、国家治理各领域各方面各环节的具体的主体性制度。它包括我国经济体制、政治体制、文化体制、社会体制、生态文明体制、法治体系、党的建设制度

[1] 施芝鸿：《坚持和完善中国特色社会主义制度、推进国家治理体系和治理能力现代化必须坚持的总体要求和总体目标》，《光明日报》2019年12月2日。

[2] 何毅亭：《马克思主义国家学说的新发展——党的十九届四中全会的“九个首次”》，《学习时报》2019年11月18日。

等。这些重要制度上接国家治理之顶层，下连社会生产生活方方面面之基层。

坚持和完善重要制度，要做到以下几点：

首先是坚持重要制度。这就是坚持体现根本制度、基本制度的要求，体现运行中国特色社会主义经验规律，切合国内外实际，坚持由保证宪法全面实施的体制机制、立法体制机制、社会公平正义法治保障制度、法律实施监督等构成的中国特色社会主义法治体系，实现社会公平正义。坚持由国家行政体制、政府职责体系、政府组织结构、发挥中央和地方两个积极性体制机制等构成的中国特色社会主义行政体制，建设人民满意的服务型政府。坚持由"一国两制"、"港人治港"、"澳人治澳"、高度自治的方针、中央依照宪法和基本法对特别行政区行使全面管治权的制度、坚定推进祖国和平统一进程等构成的"一国两制"制度体系，推进祖国和平统一。坚持由党对外事工作领导体制机制、全方位外交布局、推进合作共赢的开放体系建设、积极参与全球治理体系改革和建设等构成的独立自主的和平外交政策，坚定不移维护世界和平、促进共同发展。坚持由党和国家监督制度、权力配置和运行制约机制、一体推进不敢腐不能腐不想腐体制机制等构成的党和国家监督体系，确保党和人民赋予的权力始终用来为人民谋幸福。

其次是完善各项重要制度。这就是坚定不移走中国特色社会主义法治道路，坚持和完善中国特色社会主义法治体系，坚持依法治国、依法执政、依法行政共同推进，坚持法治国家、法治政府、法治社会一体建设，加快形成完备的法律规范体系、高效的法治实施体系、严密的法治监督体系、有力的法治保障体系，加快形成完善的党内法规体系，全面推进科学立法、严格执法、公正司法、全民守法，推进法治中国建设。坚持全心全意为人民服务，围绕推动经济社会发展、管理社会事务、服务人民群众的重大职责，坚持与完善行政体制，创新行政方式，提高行政效能。坚持“一国”是实行“两制”的前提和基础，“两制”从属和派生于“一国”并统一于“一国”之内的要求，坚持与完善“一国两制”制度体系，严格依照宪法和基本法对香港特别行政区、澳门特别行政区实行管治，坚定维护国家主权、安全、发展利益，维护香港、澳门长期繁荣稳定，绝不容忍任何挑战“一国两制”底线的行为，绝不容忍任何分裂国家的行为。按照为党和国家事业发展创造和平国际环境和良好外部条件的要求，坚持与完善独立自主的和平外交政策，统筹国内国际两个大局，高举和平、发展、合作、共赢旗帜，坚定不移维护国家主权、安全、发展利益，推动构建人类命运共同体 。按照自我净化、自我完善、自我革新、自我提高的要求，改革完善党和国家监督体系，健全党统一领导、全面覆盖、权威高效的监督体系，增强监督严肃性、协同性、有效性，形成决策科学、执行坚决、监督有力的权力运行机制，把权力关进制度的笼子里。

最后是完善重要制度体系。这就是使中国特色社会主义法治体系、行政体制、“一国两制”制度体系、和平外交政策和国家监督体系紧密联系，相互配合，形成有效的重要制度体系，服务于基本制度，巩固根本制度。

根本制度就像中国特色社会主义制度之树的“根系”和核心，基本制度就像其制度之树的“主干”，重要制度就像其制度之树的“枝叶”，它们既相互区别又紧密联系，共同构成国家治理体系。

# 做到“三个坚持”

“三个坚持”，即坚持党的领导、人民当家作主、依法治国有机统一，坚持解放思想、实事求是，坚持改革创新，是党的十九届四中全会提出的坚持和完善中国特色社会主义制度、推进国家治理体系和治理能力现代化的明确要求。

党的十八大以来，习近平总书记多次就坚持和完善中国特色社会主义制度、推进国家治理体系和治理能力现代化作出重要论述。其中，“坚持党的领导、人民当家作主、依法治国有机统一”更是被他反复提及，引领中国不断迈向“中国之治”新境界。

党的领导是人民当家作主和依法治国的根本保证，人民当家作主是社会主义民主政治的本质特征，依法治国是党领导人民治理国家的基本方式，三者统一于中国特色社会主义民主政治的伟大实践。

## 一、坚持党的领导、人民当家作主、依法治国有机统一是社会主义政治发展和推进国家治理体系和治理能力现代化的必然要求

党的领导是人民当家作主和依法治国的根本保证。在我国政治生活中，党是居于领导地位的。党政军民学，东西南北中，党是领导一切的。我们党是领导中国特色社会主义事业的执政党，党的执政地位是通过党对国家政权机关的领导来实现的，党的先锋队性质是通过组织和支持人民当家作主来体现的。没有党的坚强领导，就不可能把广大人民群众的积极性、主动性、创造性调动起来，也就不可能形成统一意志，不仅发展社会主义民

主无从谈起，而且势必出现一盘散沙甚至动荡不安的局面。

人民当家作主是社会主义民主政治的本质特征。我们党除了代表人民根本利益以外没有自己的特殊利益，全心全意为人民服务是我们党的根本宗旨。我们强调坚持党的领导，目的是要不断实现、保护和发展人民的根本利益，包括实现和保障人民当家作主的民主权利。

依法治国是党领导人民治理国家的基本方式。在我国，党的领导方式和执政方式是通过党的领导体制实现的，集中反映在党、国家和人民的定位和关系之中。实践中就是既要加强党的领导，也要改进党的领导方式和执政方式，实现治理体系和治理能力现代化。

党的领导、人民当家作主与依法治国，三者既相互区别又紧密联系，共同统一于我国社会主义民主政治伟大实践。

坚持党的领导、人民当家作主和依法治国，推进国家治理体系和治理能力现代化，要加强和改善党的领导制度，坚持和完善人民代表大会制度，坚持和完善依法治国制度，不断推进坚持党的领导、人民当家作主和依法治国的制度化、规范化、程序化，提升坚持党的领导、人民当家作主和依法治国的水平，提升推进中国特色社会主义民主政治的水平，进而推进坚持和完善中国特色社会主义制度、推进国家治理体系和治理能力现代化。

## 二、解放思想和实事求是推进国家治理体系和治理能力现代化的思想方法和工作方法

中国特色社会主义进入新时代，党要继续领导人民进行一场伟大的社会革命，就要继续推进思想革命，用思想的力量来引领社会革命；必须勇于自我革命，继续解放思想，实事求是，冲破思想观念障碍，突破利益固化藩篱，推进全面深化改革和进一步扩大开放，实现中华民族伟大复兴的中国梦。中国改革开放 40 多年来，解放思想是贯穿始终的一条主线。没有不间断的解放思想，就不会有改革开放的累累硕果。无论是全面深化改

革、适应经济新常态，还是贯彻新发展理念，都需要进一步解放思想，用创新的思维和办法应对、解决前进路上的新情况、新问题。实事求是是马克思主义实践观最本质的特征和规定，是解放思想的根本目的和最终归宿。关于实事求是，毛泽东同志曾深刻指出："'实事'就是客观存在着的一切事物，'是'就是客观事物的内部联系，即规律性，'求'就是我们去研究。"解放思想是为了发现事物发展的客观规律，遵循事物发展的客观规律，做到实事求是。背离了实事求是，不以实事求是为追求和依据，解放思想就会失去方向和目标。

解放思想和实事求是是辩证的统一。解放思想必须实事求是，敢于坚持实事求是就是解放思想，不敢坚持实事求是就谈不上解放思想。同时，实事求是必须解放思想，使主观与客观一致起来，不解放思想就做不到实事求是。我们越是坚持解放思想就越能实事求是，越是坚持实事求是就越能解放思想。

坚持解放思想和实事求是，推进国家治理体系和治理能力现代化，要在坚持党的领导和社会主义根本制度的前提下，在国家治理体系和治理能力现代化方面解放思想，立足国家治理体系和治理能力的实际，遵循治理规律，针对存在的问题，全面改革，大胆探索，创新方法，破除发展的制度机制障碍，完善国家治理体系，提升治理能力，努力推动国家治理体系和治理能力现代化。

## 三、改革创新是改变束缚生产力发展和社会进步的制度机制，推进国家治理体系和治理能力现代化的动力

习近平总书记指出："变革创新是推动人类社会向前发展的根本动力。谁排斥变革，谁拒绝创新，谁就会落后于时代，谁就会被历史淘汰。"没有改革创新，不破除国家治理体系和治理能力现代化的障碍，就不可能推进国家治理体系和治理能力现代化。

十九届四中全会审议通过的《中共中央关于坚持和完善中国特色社会主义制度 推进国家治理体系和治理能力现代化若干重大问题的决定》全文共出现“改革”28 次、“创新”31 次，贯穿于中国特色社会主义制度形成和发展历程、我国制度和国家治理体系具有的显著优势、推进国家治理现代化总体要求、坚持和完善中国特色社会主义各项具体制度等全部重要板块。推进国家治理现代化是一项系统工程，必须遵循科学的方法论，始终将改革创新作为推进国家治理现代化的动力源和加速器，把我国制度优势更好转化为国家治理效能。

坚持改革创新、与时俱进，善于自我完善、自我发展，使社会始终充满生机活力是我国国家治理的显著优势。改革开放以来，中国共产党人解放思想、实事求是，锐意改革、勇于创新，书写了世所罕见的经济快速发展奇迹和社会长期稳定奇迹。中国特色社会主义制度建设和国家治理现代化，马克思主义经典著作没有讲过，前人没有系统做过，其他社会主义国家没有干成过，没有现成的经验可供参考。在新的历史起点上，我们要有战略定力，既保持国家制度和治理体系的延续性、稳定性，也要在继承中创新、在创新中发展，推动中国特色社会主义制度更加成熟定型。

坚持改革创新推进国家治理体系和治理能力现代化，要秉持“敢为人先”的创新精神，敢于直面矛盾，勇于破旧革新，大胆改革旧的制度机制，用新的方法提升治理能力，实现国家治理体系的不断完善、治理能力的不断提升，进而实现国家治理体系和治理能力现代化。

## 着力固根基、扬优势、补短板、强弱项

固根基、扬优势、补短板、强弱项，是坚持和完善中国特色社会主义制度、推进国家治理体系和治理能力现代化的着力点和重要方法。

中国特色社会主义制度是党和人民在长期实践探索中形成的科学制度体系，国家治理一切工作和活动都依照中国特色社会主义制度展开，我国国家治理体系和治理能力是中国特色社会主义制度及其执行能力的集中体现。党的十八大以来，以习近平同志为核心的党中央领导人民统筹推进“五位一体”总体布局、协调推进“四个全面”战略布局，推动中国特色社会主义进入新时代。实践证明，中国特色社会主义制度和国家治理体系，是具有强大生命力和巨大优越性的制度和治理体系，能够持续推动拥有近十四亿人口大国进步和发展。更应该看到，要把制度优势更好地转化为国家治理效能，既需要固根基，也需要补短板，既需要强弱项，也需要扬优势。

中国是个大国，“大”既意味着我们有规模的优势、有宏伟目标的指引，也意味着我们有高质量发展的难度，会在前进道路上遇到各种艰难险阻。在提高治理能力方面，我们的制度执行力已经成为关系我国社会主义制度优势充分发挥、党和国家事业顺利发展的重要因素。习近平总书记指出，我们的国家治理体系和治理能力总体上是好的，是有独特优势的，是适应我国国情和发展要求的。同时，我们在国家治理体系和治理能力方面还有许多亟待改进的地方，在提高国家治理能力上需要下更大气力。特别

是身处百年未有之大变局，“黑天鹅”“灰犀牛”不时冒头，国内经济社会转型面临风险挑战，三大攻坚战都是难啃的硬骨头，伟大复兴绝不是轻轻松松、敲锣打鼓就能实现的。当我们制度层面的四梁八柱日渐完备、趋于成熟，就迫切需要固根基、扬优势、补短板、强弱项，在提高国家治理能力上下更大气力。

从领导干部方面来看，面对新情况新问题，一些干部深感新办法不会用，老办法不够用。为什么会这样？归根到底，还是思想政治素质、科学文化素质和工作本领不强，科学执政、民主执政、依法执政的水平不够。只有以提高党的执政能力为重点，补短板、强弱项，尽快把我们各级干部、各方面管理者的思想政治素质、科学文化素质、工作本领都提高起来，尽快把党和国家机关、企事业单位、人民团体、社会组织等的工作能力都提高起来，国家治理体系才能更加有效运转。

固根基、扬优势、补短板、强弱项，是马克思主义辩证唯物主义和历史唯物主义基本原理的具体运用，是习近平总书记多次强调学习工作的方法，是党的十九届四中全会的明确要求。

固根基，就是坚持党的领导，坚持中国特色社会主义根本制度、基本制度和重要制度，发挥制度优势实现国家治理体系和治理能力现代化，又通过实现国家治理体系和治理能力现代化，巩固中国特色社会主义制度。

扬优势，就是发挥好中国特色社会主义制度的优势。党的十九届四中全会在总结我国国家治理经验的基础上，明确了我国国家制度和国家治理体系十三个方面的显著优势：一是坚持党的集中统一领导，坚持党的科学理论，保持政治稳定，确保国家始终沿着社会主义方向前进的显著优势；二是坚持人民当家作主，发展人民民主，密切联系群众，紧紧依靠人民推动国家发展的显著优势；三是坚持全面依法治国，建设社会主义法治国家，切实保障社会公平正义和人民权利的显著优势；四是坚持全国一盘棋，调动各方面积极性，集中力量办大事的显著优势；五是坚持各民族一律平等，铸牢中华民族共同体意识，实现共同团结奋斗、共同繁荣发展的显著优势；六是坚持公有制为主体、多种所有制经济共同发展和按劳分配为主体、多种分配方式并存，把社会主义制度和市场经济有机结合起来，不断解放和发展社会生产力的显著优势；七是坚持共同的理想信念、价值理念、道德观念，弘扬中华优秀传统文化、革命文化、社会主义先进文化，促进全体人民在思想上精神上紧紧团结在一起的显著优势；八是坚持以人民为中心的发展思想，不断保障和改善民生、增进人民福祉，走共同富裕道路的显著优势；九是坚持改革创新、与时俱进，善于自我完善、自我发展，使社会充满生机活力的显著优势；十是坚持德才兼备、选贤任能，聚天下英才而用之，培养造就更多更优秀人才的显著优势；十一是坚持党指挥枪，确保人民军队绝对忠诚于党和人民，有力保障国家主权、安全、发展利益的显著优势；十二是坚持“一国两制”，保持香港、澳门长期繁荣稳定，促进祖国和平统一的显著优势；十三是坚持独立自主和对外开放相统一，积极参与全球治理，为构建人类命运共同体不断做出贡献的显著优势。这些显著优势，是我们坚定中国特色社会主义道路自信、理论自信、制度自信、文化自信的基本依据。我们要利用这些优势，制定好坚持和完善中国特色社会主义制度、推进国家治理体系和治理能力现代化的战略，在发挥优势中实现国家治理体系和治理能力现代化，并通过国家治理体系和治理能力现代化进一步发挥出这些优势。

补短板，就是推动全面协调发展，解决制度发展不平衡问题。事物作为一个系统而存在，各要素之间发展具有不平衡性，于是就有了短板和长板。系统整体功能发挥的程度，取决于短板。有生命力的制度，应当是科学合理、务实管用、适应需要、便于执行的好制度。如党的建设制度方面，有制度执行不力问题，也有制度不健全问题。推进党内制度建设，补齐党内制度短板，要深化党的制度建设改革，及时清理不适应形势发展需要的制度，抓紧完善和健全新的制度，形成更加成熟更加定型的制度体系。补齐制度短板，要适时对以前，特别是较早期出台的党内法规和规范性文件进行梳理和清理。党内法规制度中存在的不配套、不适应、不协调、不衔接、不一致等问题，有损于党内法规制度的严肃性和权威性，有碍于党内法规制度的贯彻执行，也不利于党内制度建设的顺利推进。对党内法规和规范性文件予以梳理和清理，废除部分制度、更新部分制度、迭代部分制度，始终保持党内法规制度与时代同步、与事实同步。通过全面清理可以摸清党内法规制度的“家底”，有效维护党内法规制度的协调统一，加快构建科学的党内法规制度体系。补齐制度短板，要深化党建制度改革。党建制度改革既是全面深化改革的重要内容，也是全面深化改革取得成功的重要保证。面对当前复杂的国际国内环境，迫切需要推进党建制度改革，解决制度建设滞后、制度执行不力等问题，不断增强党自我净化、自我完善、自我革新、自我提高能力。

强弱项，就是推动创新发展，解决发展不充分问题。弱项，不同于短板，短板是就事物内部要素而言的，是整体内部的各个组成部分或者领域之间，发展最滞后、最不足的方面。弱项是在比较中显现出来的，而这种比较要么在具有竞争关系的各方之间进行，要么在发展现状和未来目标之间进行。我国的发展弱项既是在与发达国家的对比中产生的，也是与我国发展未来目标相比较的结果。强弱项，就是为了实现强起来的目标而要求善于发现弱项、正视弱项、解决弱项，化弱为强、化劣为优、变被动为主动的过程。强弱项，要贯彻新发展理念。实现全面建成小康社会、全面建成社会主义现代化强国的目标，不断缩小与发达国家的差距，必须坚持新发展理念。创新发展解决发展动力方面的弱项，协调发展解决发展不平衡的弱项，绿色发展解决人与自然不和谐的弱项，开放发展解决发展内外联动方面的弱项，共享发展解决社会公平正义方面的弱项。党的十八大以来，正是坚持以人民为中心，坚持科学发展，贯彻新发展理念，才推动我国经济由高速增长阶段转向高质量发展阶段，为建设现代化经济体系奠定了坚实基础。

要始终强化党的领导这个根本保证，抓住增创体制优势这个主攻方向，用好加强依法治理这个基本方式，抓牢创新社会治理这个重点难点，坚持以人民为中心这个重要原则，强化提升治理能力这个基础保障，着力固根基、扬优势、补短板、强弱项，探索出一条具有时代特征的现代化治理的新路子。

制度建设是一项系统工程。我们要把握“固根基、扬优势、补短板、强弱项”的要求，坚定制度自信，稳固制度根基，厚植制度优势，保持中国特色社会主义制度的稳定性和延续性，努力使中国特色社会主义制度的显著优势更加充分地发挥出来，努力将我国的制度优势更好更快地转化为国家治理效能，长期保持并不断增强制度优势。

# 构建系统完备、科学规范、运行有效的制度体系

《中共中央关于全面深化改革若干重大问题的决定》提出，到 2020 年，在重要领域和关键环节改革上取得决定性成果，完成本决定提出的改革任务，形成系统完备、科学规范、运行有效的制度体系，使各方面制度更加成熟更加定型。2017 年 11 月 10 日，习近平在亚太经合组织工商领导人峰会上的主旨演讲中指出，解决前进道路上的困难和问题，关键在于全面深化改革。我们将强化问题导向，坚决破除一切不合时宜的思想观念和体制机制弊端，突破利益固化的藩篱，激发全社会创造力和发展活力。十九届四中全会再次强调，构建系统完备、科学规范、运行有效的制度体系。

早在 1992 年，邓小平同志就提出："恐怕再有三十年的时间，我们才会在各方面形成一整套更加成熟、更加定型的制度。"我们在经济、政治、文化、社会等各个领域的制度建设和治理能力方面进行了很多创新和探索，今天，推动中国特色社会主义制度更加成熟更加定型，构建系统完备、科学规范、运行有效的制度体系，成为摆在我们面前的一项重大历史任务。从主观上看，我们具备了这样的实践经验基础；从客观上看，这是改革进程向前拓展的必然要求。

第一，构建系统完备、科学规范、运行有效的党的领导制度体系。党的领导是新中国成立以来国家治理的显著特点，也是保持国家经济、政治、文化、社会、生态协调发展，保持改革的系统性、整体性、协同性，解决

转型期中国面临的诸多社会问题的迫切需要。中国共产党在国家生活中的领导地位是在新民主主义革命进程中确立的，在社会主义建设和改革开放的历史进程中得到巩固和提高。在新民主主义革命时期，中国共产党就确立了对中国革命的领导权，并且取得了对人民军队的绝对领导，领导人民并与全国人民一起奋斗，夺取了政权，缔造了中华人民共和国。新中国成立后，中国共产党的领导地位获得了广大人民的拥护，并且用宪法和法律把党在国家的领导地位巩固起来，党也逐渐形成了一套领导国家各方面生活的制度体系。改革开放以来，尤其是党的十八大以来，我们党在国家生活中的领导地位更加巩固，并且根据社会发展的新形势、新要求，党的领导制度更加丰富和完善。党的十九届四中全会准确把握我国国家制度和国家治理体系的演进方向和发展规律，把坚持和完善党的领导制度体系放在突出位置，并把坚持和加强党的领导的要求全面体现到各方面制度安排中，抓住了国家治理的关键和根本。全会提出，要提高党科学执政、民主执政、依法执政水平。必须坚持党政军民学、东西南北中，党是领导一切的，坚决维护党中央权威，健全总揽全局、协调各方的党的领导制度体系，把党的领导落实到国家治理各领域各方面各环节。要建立不忘初心、牢记使命的制度，完善坚定维护党中央权威和集中统一领导的各项制度，健全党的全面领导制度，健全为人民执政、靠人民执政各项制度，健全提高党的执政能力和领导水平制度，完善全面从严治党制度。

第二，构建系统完备、科学规范、运行有效的民主政治制度体系。我国的民主政治制度由人民代表大会制度、中国共产党领导的多党合作和政治协商制度、民族区域自治制度以及基层群众自治制度所组成。构建系统完备、科学规范、运行有效的民主政治制度体系，应坚持和完善中国特色社会主义法律体系，健全立法起草、论证、协调、审议机制，健全“一府一委两院”由人大产生、对人大负责、受人大监督制度，健全人大讨论、决定重大事项制度等，形成完善的人民代表大会制度。坚持和完善人民政协制度，建立健全决策咨询制度，民主党派中央直接向中共中央提出建议制度，完善委员联络制度，形成完善的中国共产党领导的多党合作和政治协商制度。健全基层选举、议事、公开、述职、问责等机制，建立健全居民、村民监督机制，健全以职工代表大会为基本形式的企事业单位民主管理制度等，形成完善的基层群众自治制度。

第三，构建系统完备、科学规范、运行有效的制度体系要建立在社会治理体制创新的基础上。社会治理体制是社会治理制度的表现形式，是社会治理体系的有机组成部分。创新是一个民族的灵魂，是一个民族兴旺发达的不竭动力。推进国家治理体系和治理能力现代化，形成更完备、更稳定、更管用的制度体系的过程，实质上是不断创新，形成新的社会治理制度和社会治理体制的过程。习近平总书记指出，加强和创新社会治理，关键在体制创新。体制创新的重点是城乡社会治理体制。为此，我们要以人为核心，解放思想，更新观念，以城乡社区治理为重心，以提高社区服务和管理能力为目标，深入调研治理体制问题，完善网格化管理体制，完善城市常态化管理体制，完善人口服务管理体制，把资源、服务、管理放到基层，使基层有职有权有物，更好为群众提供精准有效的服务和管理；聚焦群众反映强烈的突出问题，治理城市管理顽症；更多运用市场化、法治化手段，促进人口有序流动，控制人口总量，优化人口结构。

第四，构建系统完备、科学规范、运行有效的制度体系要建立在权力有效分工和相互制约的原则之上。制度建设的核心是有效规范公权、制约公权、保护私权，让人民委托的权力行使者不能用公权谋取私利，甚至伤害权力主体。我国的人民代表大会制度、政党制度、基层自治制度和民族区域自治制度是中国发展的制度保证，同时要不断完善，要吸收借鉴人类文明成果，构建既科学分权又能有效监督制衡的权力体系。十九届四中全会指出，要完善权力配置和运行制约机制。坚持权责法定，健全分事行权、分岗设权、分级授权、定期轮岗制度，明晰权力边界，规范工作流程，强化权力制约。坚持权责透明，推动用权公开，完善党务、政务、司法和各领域办事公开制度，建立权力运行可查询、可追溯的反馈机制。坚持权责统一，盯紧权力运行各个环节，完善发现问题、纠正偏差、精准问责有效机制，压减权力设租寻租空间。

第五，构建系统完备、科学规范、运行有效的制度体系要建立在法治之上。法治是制度体系现代化的内在要求。党的十九大报告把法治放在非常突出的地位，提出更加注重发挥法治在国家治理和社会管理中的重要作用，一是强调推进全面依法治国，必须坚定不移走中国特色社会主义法治道路。近代以来，中国在从传统中华法系向现代法治转型过程中，照搬过本本，也模仿过别人，有过迷茫，也有过挫折，一次次碰壁、一次次觉醒，一次次实践、一次次突破，最终走出了一条中国特色社会主义成功之路，确立了我国基本政治制度和司法制度。其间的艰难曲折过程表明，建设中国特色社会主义法治并没有现成的先例可循，需要自己探索、自己总结、自己提炼，走出自己的道路、作出自己的选择。二是重申全面依法治国是国家治理的一场深刻革命和中国特色社会主义的本质要求和重要保障，必须坚持厉行法治，推进科学立法、严格执法、公正司法、全民守法。建设社会主义法治国家是实现国家治理体系和治理能力现代化的必然要求，也是全面深化改革的必然要求，有利于在法治轨道上推进国家治理体系和治理能力现代化，有利于在全面深化改革总体框架内推进全面依法治国各项工作，有利于在法治轨道上不断深化改革。三是明确和重申推进全面依法治国的总抓手。党的十九大报告提出完善以宪法为核心的中国特色社会主义法律体系，建设中国特色社会主义法治体系。推进全面依法治国涉及很多方面，在实际工作中必须有一个总揽全局、牵引各方的总抓手，这个总抓手就是建设中国特色社会主义法治体系，包括形成完备的法律规范体系、高效的法治实施体系、严密的法治监督体系、有力的法治保障体系，加快形成完善的党内法规体系。四是依法推进国家监察体制改革。党的十九届四中全会提出，深化纪检监察体制改革，加强上级纪委监委对下级纪委监委的领导，推进纪检监察工作规范化、法治化。要健全党和国家监督体系，完善权力运行制约和监督机制，组建国家、省、市、县监察委员会，同党的纪律检查机关合署办公，实现党内监督和国家机关监督、党的纪律检查和国家监察有机统一，实现对所有行使公权力的公职人员监察全覆盖。完善巡视巡察工作，增强以党内监督为主、其他监督相贯通的监察合力。

“治国犹如栽树，本根不摇则枝叶茂荣。”人类历史上，没有一个民族，没有一个国家可以通过依赖外部力量、跟在他人后面亦步亦趋实现强大和振兴。今天，站在960多万平方公里的广袤土地上，吸吮着中华民族奋斗积累的文化养分，拥有近14亿中国人民聚合的磅礴之力，我们走自己的路，具有无比广阔的舞台，具有无比深厚的历史底蕴，具有无比强大的前进定力。为党和国家事业发展、为人民幸福安康、为社会和谐稳定、为国家长治久安提供一整套更完备、更稳定、更管用的制度体系，推动中国特色社会主义制度更加成熟更加定型，无疑对走好中国道路具有不可替代的重要作用。

# 加强系统治理、依法治理、综合治理、源头治理

党的十八届三中全会通过的《中共中央关于全面深化改革若干重大问题的决定》，对创新社会治理方式作出全面部署，提出“四个治理”原则，即坚持系统治理、依法治理、综合治理和源头治理。党的十九届四中全会则进一步指出，加强系统治理、依法治理、综合治理、源头治理，把我国制度优势更好转化为国家治理效能，为实现“两个一百年”奋斗目标、实现中华民族伟大复兴的中国梦提供有力保证。“四个治理”原则由社会治理上升到国家治理层面。这四个关键词，为我们创新国家治理方式指明了方向和路径。

加强“四个治理”是把制度优势更好转化为国家治理效能的根本方法。加强系统治理，就是要加强党的领导，发挥政府主导作用，鼓励和支持社会多元主体共同参与，实现政府、社会和群众的良性互动，构建全民共建共享的治理格局。在充满不确定性的现代社会，只有政府和社会携起手来，才能建设好安全家园。要在发挥好党委领导、政府主导作用的同时，引导社会成员增强主人翁精神，激发社会自治、自主、能动力量，让大众的问题由大众来解决。经过探索创新，我国国家治理理念由“管理”向“治理”转变，治理方式从单一行政手段向多种手段并用发展，治理体系从党委政府“撑船”转向“掌舵”，努力构建党政主导、多种主体共同参与共治的国家治理格局。

加强依法治理，就是要切实培养法治思维，在全社会营造人人学法、懂法、知法、守法、用法、护法，崇尚法治的良好氛围，真正做到办事依法、遇事找法、解决问题用法、化解矛盾靠法。法治作为国家治理创新的最优模式，应该回应国家发展过程中面临的种种问题。要善于运用法治思维构建管理过程公开、责任界定明晰的国家治理制度体系，善于运用法治方式把国家治理难题转化为执法司法问题加以解决。中国人民大学常务副校长王利明说："法治是一种依法治理的良好社会治理状态。法治应当是一种社会治理的目标，即建成法治国家、法治政府、法治社会，实现国家长治久安，社会和谐有序，人民生活幸福。"

加强综合治理，就是要变单一的行政治理方式为多种方式的综合运用，做到法治与德治相结合，强制约束与规范自律相结合，自我调节与社会调节相结合。由于国家治理目标、手段、对象以及态势的复杂性，运用国家力量维护秩序的方式就具有多样性。保持国家和社会的运行需要多种机制，任何历史时代都不只是单纯使用一种方式，治国理政有着多种方式。实际上，治国理政是多种方式综合运用的结果。比如，行政权力效率高，但又容易受掌权者能力、素质、品德等主观因素所左右；法制权力稳定通用持久，但怎样保证立法、执法、司法的科学性公正性有效性，是人类政治文明的重大课题。治理国家既可推行法治天下、强化法律权威，也可推行道德教化、强化伦理约束。法治既相对于人治而言，是不同历史阶段的不同性质治理，也相对于德治等其他治理方式而言，是共同进行治理的不同机制。

加强源头治理，就是要在政策决策的制定上问需于民，顺应群众期盼，确保每一项政策举措既符合国情、国力实际，又符合群众要求。人民当家作主是社会主义民主政治的本质特征。国家一切权力属于人民。那么如何进一步保障人民当家作主？全会在提出要坚持和完善人民当家作主制度体系时特别强调，要确保人民依法通过各种途径和形式管理国家事务，管理经济文化事业，管理社会事务，为人民当家作主提供了根本遵循。习近平总书记多次强调，“民心是最大的政治”。这就要求我们，在制定政策、实施决策全过程中，必须始终重视民心、尊重民意、顺应民盼，这是巩固党的执政地位、完成党的执政使命的必然要求。要有效激发广大人民群众强大的参与力量，最大限度调动和发挥人民群众的积极性、主动性、创造性，形成人人尽力建设、人人参与发展、人人享有成果的良性循环。深入群众倾听群众疾苦和所需，制定科学的政策，加快政策的落实。对百姓的要求做到“言而有信，行必有果”。要充分发挥人大、政协作用，完善人大代表、政协委员工作机制，支持各民主党派、工商联和无党派人士参与重大决策和民主协商。真正把群众利益诉求解决在基层，把社会矛盾化解在萌芽，促进社会更加和谐。

“四个治理”内容丰富，体现了一系列有机结合：刚性治理与柔性治理相结合、国家治理与社会治理相结合、社会服务与社会治理相结合、政府主导与多方参与相结合、科学精神与人文关怀相结合、治标与治本相结合，等等。“四个治理”在宗旨要求和目标指向上具有统一性。党的十九届四中全会提出：“增进人民福祉、促进人的全面发展是我们党立党为公、执政为民的本质要求。……满足人民多层次多样化需求，使改革发展成果更多更公平惠及全体人民。”这表明：“四个治理”的出发点与归宿，是实现好、维护好、发展好最广大人民的根本利益。

## 把制度优势转化为国家治理效能

中国特色社会主义制度是切合我国实际的先进的社会制度，具有显著优势。推进国家治理体系和治理能力现代化，关键是发挥制度优势。对此，党的十九届四中全会指出，要把我国制度优势更好地转化为国家治理效能。

小智治事，大智治制。党的十八届三中全会开启了全面深化改革、系统整体设计推进改革的新时代，开创了改革开放新局面。时至今日，我国重要领域和关键环节改革成效显著，主要领域基础性制度体系基本形成，为推进国家治理体系和治理能力现代化打下了坚实基础。当今世界正经历百年未有之大变局，我国正处于实现中华民族伟大复兴关键时期，前进的道路上我们面临许多前所未有的风险挑战。无论哪一类型风险的化解、哪一方面危机的应对、哪一领域问题的解决，都需要加强制度建设，需要发挥制度的威力，把制度优势转化为治理效能。而且，相比过去，新时代改革开放更多面对的是深层次体制机制问题，对改革的系统性、整体性、协同性要求更强，建章立制、构建体系的任务更重，把制度优势转化为治理效能更为迫切。

如何把制度优势转化为国家治理效能，实现国家治理体系和治理能力现代化呢？

要认真学习研究我国的制度优势。如前所述，党的十九届四中全会在总结我国国家治理经验的基础上，明确了我国国家制度和国家治理体系十三个方面的显著优势。我们要认真学习，深入研究，融会贯通，立足实际，依据优势制定治理战略，奠定把制度优势转化为国家治理效能的基础。

要建构国家治理的理念。首先一个重要的问题是国家治理理念的本土化。当治理概念被移植于国内语境时，国家治理的理念就超越了西方单纯指向效率改进的策略性范畴，而是与宏大而深刻的中国特色社会主义建设紧密结合起来。国家治理在中国作为主导性话语，突破了传统意义上国家与社会关系的分野，是在党的全面领导下将政府与社会兼容于共治共享的治理格局之中。因此，要立足于新时代中国的政治现实，在深层意蕴上构建国家治理的知识体系、内在视角以及观念性依据。其次，在构建中国国家治理的理念时，要把马克思主义的价值理性、社会主义的价值体系和中国传统文化的合理内核有机结合起来，从中凝练出与当今世界普遍认同的价值理念可相提并论的核心价值；把中国特色社会主义基本理论、基本制度、基本方略、基本路线有机结合起来，从中构建一整套具有现实说服力、能够被广大人民群众内化于心的国家治理思想体系和价值理念。

要处理好顶层设计和分层对接的关系。纵观古代中国，几千年来始终没有摆脱“天下大势，分久必合，合久必分”的宿命，这个现象的实质是国家结构的设计问题，主要是如何处理中央与地方的关系。千百年来古代中国总是在经历内重外轻、外重内轻的治乱循环和王朝更替。新中国成立以后到改革开放前，中央与地方的关系一直在收放之间进行选择性分权，改革开放以来尽管进行了分税制改革和省直管县改革，但还没有从根本上解决问题。新时代国家治理体系和治理能力现代化必须在坚持中国特色社会主义根本制度和基本制度的前提下，在坚持和加强党的全面领导下，系统谋划国家结构的顶层设计，建构中央与地方之间的制度化分权，优化财权、事权和人事权的合理配置，明确各自的边界范围，创新中央与地方关系良性运行机制。全面深化改革夯基垒台、立柱架梁的工作已经见到了实效。落实好党中央对全面深化改革的顶层设计，把制度优势转化为治理效能，必须把工作重点放到解决实际问题上，加强调查研究，坚持问题导向，画好改革的工笔画。在改革方案落地过程中，要讲究方式方法，处理好政策顶层设计和分层对接的关系，把抓改革落实同做群众工作结合起来，加强政策解读和指导把关，因地制宜，逐层细化，精准有效，确保改革举措落地见效，确保人民群众得到实惠。

要完善坚持党的领导的体制机制。中国存在一个强有力的政党以及党领导下的政府，这是中国国家治理走向成功的重要政治前提。当代中国的政治图景是在党领导国家发展和执掌国家政权的历史中具体展开的，党的领导是中国特色社会主义最本质的特征，是中国特色社会主义制度的最大优势，实现国家治理体系和治理能力现代化的关键在党。因此，必须坚持党的领导，但更重要的是如何进一步完善党的领导和如何更好地实现党的领导。这主要在于以法治的理念、法治的体制、法治的程序保证党领导人民有效治理国家，在国家治理的宪法结构、党政结构、司法结构、科层结构和社会网络结构中创新党的领导实现方式，把党在领导国家发展和执掌国家政权时所形成的权力关系结构、权力运作过程和权力规则体系与国家治理的制度理性和治理能力有机结合起来。

要统筹制度改革和制度运行。国家治理体系和治理能力是国家制度和制度执行能力的集中体现。把制度优势转化为治理效能，既要适应时代变化和人民期待，改革不适应实践发展要求的体制机制、法律法规，不断构建新的体制机制、法律法规，使各方面制度更加科学、更加完善；又要注重制度运行，增强按制度办事的意识，善于运用制度和法律治理国家，不断提高党的执政能力和执政水平。

要注重各项改革协调推进。全面深化改革关系党和国家事业发展全局，是一项系统工程。随着改革不断深入，各项改革关联性和互动性进一步增强。要把制度优势转化为治理效能，必须更加注重改革的系统性、整体性、协同性，注重改革的系统集成和协调推进，搞好上下左右、方方面面的配套，既抓改革方案协同，也抓改革落实协同，更抓改革效果协同，促进各项改革举措在政策取向上相互配合、在实施过程中相互促进、在改革成效上相得益彰，朝着全面深化改革总目标聚焦发力。[1]

随着中国特色社会主义制度不断成熟和定型，我国国家治理体系和治理能力现代化水平必将得到不断提升。坚持和完善中国特色社会主义制度、推进国家治理体系和治理能力现代化，是实现中国之治的重要安排，是全党的一项重大战略任务。制度的生命力在于执行，面对总目标我们需要做的事情还有太多，刻不容缓，既要强化制度执行力、加强制度执行的监督，又要让广大党员、干部做制度执行的表率。只有全党全社会自觉尊崇制度、严格执行制度、坚决维护制度，才能更好地把制度优势转化为国家治理效能。

中国共产党自成立之日起，就致力于建设人民当家作主的新社会，并领导人民为之进行斗争。新中国成立后，我们党创造性地运用马克思主义国家学说，为建设社会主义国家制度进行了不懈努力，逐步确立巩固和完善中国特色社会主义制度。党的十八大以来，以习近平同志为核心的党中央团结带领人民，统筹推进“五位一体”总体布局，协调推进“四个全面”战略布局，推动中国特色社会主义制度更加完善、国家治理体系和治理能力现代化水平明显提高。发展实践告诉我们，只有持之以恒把制度优势转化为治理效能，才能继往开来，攻坚克难，更好地推动经济社会发展；只有坚持从实际出发，与时俱进构建系统完备、科学规范、运行有效的制度体系，推进国家治理体系和治理能力现代化，才能为实现“两个一百年”奋斗目标、实现中华民族伟大复兴的中国梦提供有力保证。

[1] 熊若愚：《把制度优势转化为治理效能》，《学习时报》2019年9月23日。

CHAPTER



# 第六章

# 提高运用中国特色社会主义制度有效治理国家的能力

有效治理国家的能力是全面深化改革目标的重要组成部分，是推进国家治理体系和治理能力现代化的又一重要内容。因此，习近平总书记在谈到全面深化改革、推进国家治理体系和治理能力现代化问题时指出，必须适应国家现代化总进程，提高党科学执政、民主执政、依法执政水平，提高国家机构履职能力，提高人民群众依法管理国家事务、经济社会文化事务、自身事务的能力，实现党、国家、社会各项事务治理制度化、规范化、程序化，不断提高运用中国特色社会主义制度有效治理国家的能力。

# 提高党科学执政、民主执政、依法执政水平

党的领导制度是我国的根本领导制度。中国特色社会主义制度是一个严密完整的科学制度体系，起四梁八柱作用的是根本制度、基本制度、重要制度，其中具有统领地位的是党的领导制度。党的十九届四中全会把坚持和完善党的领导制度体系放在首要位置，同时把坚持和加强党的领导的要求全面体现到各方面制度安排之中，突出的正是党的领导制度在中国特色社会主义制度和国家治理体系中的统领地位，彰显了我们党牢记初心使命、以坚强领导铸就千秋伟业的责任担当。党是国家治理主体，是国家治理体系和治理能力现代化的领导力量。推进国家治理体系和治理能力现代化，首先要提高党运用党的领导制度体系治理党和国家的本领和水平。这些也是我们把党的领导制度从其他根本制度中独立出来，把党的领导能力从其他治国理政能力中独立出来，单独进行论述的原因。

提高党运用党的领导制度体系治理党和国家的本领和水平，总的来说，是提高党运用不忘初心、牢记使命制度，使党员干部守初心、担使命，保持先进性、纯洁性，自觉发挥积极性、主动性、创造性的能力。运用坚定维护党中央权威和集中统一领导的各项制度，推动全党增强“四个意识”、坚定“四个自信”、做到“两个维护”，自觉在思想上、政治上、行动上同以习近平同志为核心的党中央保持高度一致，坚决把维护习近平总书记党中央的核心、全党的核心地位落到实处，贯彻落实党中央决策部署的能力。

运用党的全面领导制度，领导人大、政府、政协、监察机关、审判机关、检察机关、武装力量、人民团体、企事业单位、基层群众自治组织、社会组织等组织机构，推动各方面协调行动的能力。运用为人民执政、靠人民执政各项制度，集中人民群众的智慧，保持党同人民群众的血肉联系，巩固党执政的阶级基础，厚植党执政的群众基础的能力。运用党的执政能力和领导水平制度，坚持民主集中制，增强党员干部本领，提高把方向、谋大局、定政策、促改革的能力。运用全面从严治党制度，贯彻新时代党的建设总要求，不断推进党的自我革命，永葆党的先进性和纯洁性，不断增强党的创造力、凝聚力、战斗力，确保党始终成为中国特色社会主义事业的坚强领导核心的能力。而贯穿其中的，是提高党科学执政、民主执政、依法执政的本领和水平。

## 一、科学执政

科学执政，就是要以科学的思想、科学的制度、科学的方法领导中国特色社会主义事业不断取得新的成就、新的胜利。要深刻把握共产党的执政规律，坚持党的领导、人民当家作主、依法治国有机统一，科学分析和界定执政党的政治和社会功能，在加强党的集中统一领导的同时，支持人大、政府、政协和法院、检察院依法依章程履行职能、开展工作、发挥作用。科学执政是国家治理体系和治理能力现代化的内在要求。没有执政的科学化，就没有国家治理体系和治理能力现代化，就谈不上党的治理能力的提高。

科学执政涉及许多方面，最重要的是要有科学的理论指导、制度保证和方法运用。首先，要有科学的执政理论。一个执政党要想始终走在时代前列，不断提高执政能力，就一刻也不能离开科学的执政理论的指导。其次，要遵循执政的规律和经验。我们自己的经验和国际经验证明，认识客观规律不容易，驾驭客观规律更不容易。遵循规律，主要是遵循共产党执政规律、社会主义建设规律和人类社会发展规律。遵循的经验主要有以下几方面：坚持党在指导思想上的与时俱进，用发展着的马克思主义指导新的实践；坚持推进社会主义的自我完善，增强社会主义的生机和活力；坚持抓好发展这个党执政兴国的第一要务，把发展作为解决中国一切问题的关键；坚持立党为公、执政为民，始终保持党同人民群众的血肉联系；坚持科学执政、民主执政、依法执政，不断完善党的领导方式和执政方式；坚持以改革精神加强党的建设，不断增强党的创造力、凝聚力、战斗力。这“六个必须”就是对共产党执政规律的高度提炼和概括。再次，要有科学的执政制度。制度具有根本性、全局性、稳定性和长期性。科学的执政制度，能够有效地防止执政活动的随意性和盲目性，优化资源配置，减少执政成本，提高执政效率。最后，要有科学的执政方法。毛泽东说过，如果我们的任务是过河，那么方法就是船和桥。这里强调了方法的极端重要性。如果船和桥建造得不科学，不仅不能帮我们渡河，还会把我们倾覆到河中。科学的执政方法是党的执政思想、执政制度在执政实践中的具体体现，也是提高党的执政能力的有效途径。要在具体的执政活动中，积极探索有利于实现科学执政的方式方法，不断提高党的领导水平和执政水平。

## 二、民主执政

民主执政，就是要在治国理政中既要为人民执政又要靠人民执政，人民当家作主是社会主义民主政治的本质和核心，把党的领导与发展社会主义民主政治有机统一起来，实现人民当家作主的制度化、规范化、程序化。民主是国家治理体系和治理能力现代化的重要要求，是国家治理体系和治理能力现代化的重要标志，是集中全党和全国人民智慧、提高党的治理能力的重要条件。没有民主，就没有国家治理体系和治理能力现代化，也难以有党的治理能力的提高。

民主执政体现了党执政的本质。中国共产党是中国工人阶级的先锋队，同时是中国人民和中华民族的先锋队，党执政的根本目的是全心全意为人民服务。做到民主执政，首先要发扬民主。民主是党的生命，我们党就是在民主的旗帜下成熟起来和不断进步的，没有民主就没有共产党，更谈不上党的民主执政。人民是国家的主人，人民民主是社会主义的生命，坚持和发展社会主义制度下的人民民主，是亿万中国人民掌握自己的命运、焕发建设国家的强大创造力量的必由之路，是实现国家富强、人民幸福和社会长治久安的必由之路，是团结海内外中华儿女共同为中华民族的伟大复兴而奋斗的必由之路，也是中国共产党始终保持同人民群众的血肉联系、永远保持马克思主义政党先进性和纯洁性的必由之路。其次，要完善以民主集中制为核心的党内制度体系，为增强党内民主提供保证。最后，要完善人民代表大会制度、共产党领导的多党合作和政治协商制度、民族区域自治制度和基层群众自治制度，以制度的力量集中人民智慧，提高党的治理能力。

### 三、依法执政

依法执政，就是要坚持依法治国的基本方略，领导立法，带头守法，保证执法，严格在宪法和法律的范围内活动，保证党和国家的各项工作都依法进行。法治是国家治理体系和治理能力现代化的重要标志，依法执政是推进国家治理体系和治理能力现代化的重要要求。

依法执政是时代的要求。现代民主政治是法治政治，政党在宪法和法律的范围内活动，这是法治国家的基本要求。中国共产党提出依法治国，就是要在管理国家和社会事务的过程中，自觉地在宪法和法律的范围内活动，绝不谋求宪法和法律之上或之外的特权。依法执政也是实践的要求。

社会主义市场经济是一种法治经济，任何看似自由的竞争活动，其实都是在规则的约束下进行的，都是有法律规范的。党要提高驾驭社会主义市场经济的能力，就必须适应经济活动这种市场化、法治化的发展趋势。构建社会主义和谐社会，更需要我们提高依法执政的本领，善于运用法律手段调整各种社会利益关系，善于在法治的框架内解决各种矛盾和问题。做到依法执政，主要是党对国家政权机关的领导，要符合法律规定的程序，善于把党的领导、人民当家作主和依法治国有机统一起来，不断推进国家政治、经济、文化、社会生活的法治化、规范化，使这种制度和法律不因领导人的改变而改变，不因领导人的看法和注意力的改变而改变。

尽管我们党执政已经 70 年，但提出“科学执政、民主执政、依法执政”还是一个全新的课题。之所以这个问题特别重要，首先是时代背景和执政条件发生了重大变化。我们党历经革命、建设和改革，已经从一个领导人民为夺取全国政权而奋斗的党，转变为在全国执政并长期执政的党；已经从受到外部封锁和实行计划经济条件下领导国家建设的党，转变为对外开放和发展社会主义市场经济条件下领导国家建设的党。这些都给党的领导和执政地位提出了全新的课题和严峻的考验。经受长期执政的考验、改革开放的考验、市场经济的考验、外部环境的考验，面对精神懈怠的危险、能力不足的危险、脱离群众的危险、消极腐败的危险，党的领导方式和执政方式必须作出适应性变化，其中也蕴含着政治发展的规律和逻辑。

提高党科学执政、民主执政、依法执政水平，就是要站在坚持和完善中国特色社会主义制度、推进国家治理体系和治理能力现代化的高度上，把党的领导方式和执政方式嵌入到社会主义民主和法治的制度框架之中，把发扬民主、严格依法办事与改革党的领导与执政方式统一起来，不断提高全党驾驭社会主义市场经济的能力、发展社会主义民主政治的能力、建设社会主义先进文化的能力、构建社会主义和谐社会的能力、推进社会主义生态文明的能力和应对国际局势和处理国际事务的能力，使党的领导方式和执政方式在推进国家治理体系和治理能力现代化过程中显示出更为强大的制度优势。

科学执政、民主执政、依法执政三者是密不可分、相辅相成的。科学执政是治国理政的目标和要求，民主执政是科学执政的基础，依法执政是科学执政、民主执政的保证。三者统一于党的治理实践之中。

党的各级组织是科学执政、民主执政、依法执政的组织保证。提高党的治理能力，必须发挥好党组织的科学执政、民主执政、依法执政水平。为此，党的组织要认真贯彻执行党的路线、方针、政策，积极讨论和决定本单位的重大问题，做好干部管理工作，团结非党干部和群众，完成党和国家交给的任务，不断提高自身的治理水平。

科学执政、民主执政、依法执政，反映了我们党对共产党执政规律认识的深化和对党长期执政正反两方面经验的科学总结，反映了我们党对自己所处的历史地位和所承担的历史使命的清醒认识，反映了我们党把推进党的建设新的伟大工程同推进中国特色社会主义伟大事业紧密结合的高度自觉。每一个共产党员特别是党的领导干部，都要充分认识实现科学执政、民主执政、依法执政的重要性和紧迫性，身体力行，锲而不舍，努力把科学执政、民主执政、依法执政落到实处，不断在实践中提高自身的治理能力。

# 提高运用中国特色社会主义根本制度的能力

制度建设是当今国家治理中的关键一环。“凡将立国，制度不可不察也”。治理国家，制度起着根本性、全局性、长远性作用。推进国家治理体系和治理能力现代化，首要的就是完善和发展我们的制度体系。党的十八届三中全会将坚持和完善中国特色社会主义制度、推进国家治理体系和治理能力现代化，确定为我国全面深化改革的总目标。党的十九届四中全会提出了坚持和完善中国特色社会主义制度、推进国家治理体系和治理能力现代化的总体目标，到我们党成立一百年时，在各方面制度更加成熟更加定型上取得明显成效；到二〇三五年，各方面制度更加完善，基本实现国家治理体系和治理能力现代化；到新中国成立一百年时，全面实现国家治理体系和治理能力现代化，使中国特色社会主义制度更加巩固、优越性充分展现。要想实现这个宏伟的目标，最重要的是提高运用中国特色社会主义根本制度的能力。

我们党在推进国家治理体系建设、提高国家治理能力时遇到的问题是极其复杂的，推进国家治理体系建设、提高国家治理能力的任务必然是长期的、艰巨的，需要进行长时间的艰辛探索和艰苦努力。我们要善于观大势、谋大事，充分运用唯物辩证法观察和处理问题，特别是要提高运用中国特色社会主义根本制度的能力。

提高运用中国特色社会主义根本制度的能力，除了上述提到的提高运用党的领导制度的能力之外，还要提高运用人民代表大会制度、马克思主义在意识形态领域指导地位的根本制度、党对人民军队的绝对领导制度的能力。

第一，提高运用人民代表大会制度的能力。人民代表大会制度是坚持党的领导、人民当家作主、依法治国有机统一的根本政治制度安排，是支撑中国国家治理体系和治理能力的根本政治制度。全国人大常委会法工委主任、港澳基本法委员会主任沈春耀说，在中国实行人民代表大会制度是中国人民在人类政治制度史上的伟大创造。新中国成立之时，党和国家就确定要实行人民代表大会制度。1954 年 9 月，第一届全国人民代表大会第一次会议召开，标志着我国人民代表大会制度在全国范围内正式建立起来。1978 年 12 月召开的党的十一届三中全会，开启了我国改革开放和社会主义现代化建设历史新时期，人民代表大会制度重新焕发了生机活力，进入了蓬勃发展的新阶段。党的十八大以来，以习近平同志为核心的党中央高度重视坚持和完善人民代表大会制度，作出一系列重要部署和阐述，也提出一系列重要举措，推动社会主义民主法治开创新局面，人民代表大会制度展现出更加旺盛的生机活力。提高运用人民代表大会制度这一根本政治制度的能力，关键是提高坚持党的领导、人民当家作主、依法治国有机统一的本领和水平，把三者统一于我国社会主义民主政治伟大实践。提高支持和保证人民通过人民代表大会行使国家权力的本领和水平。提高支持和保证人大及其常委会依法行使职权的本领和水平。提高密切人大代表同人民群众的联系的本领和水平。提高健全人大组织制度、选举制度和议事规则的本领和水平。提高加强地方人大及其常委会建设的本领和水平。

第二，提高运用马克思主义在意识形态领域指导地位的根本制度的能力。没有马克思主义，就没有共产党，就没有新中国。马克思主义是中国共产党的思想灵魂，是中国共产党人的世界观和方法论，是建设中国特色社会主义的行动指南。习近平新时代中国特色社会主义思想，是当代中国的马克思主义。坚持习近平新时代中国特色社会主义思想，就是坚持马克思主义。提高运用马克思主义在意识形态领域指导地位的根本制度的能力，关键是提高全面贯彻落实习近平新时代中国特色社会主义思想的本领和水平，健全用党的创新理论武装全党、教育人民工作体系，完善党委（党组）理论学习中心组等各层级学习制度，建设和用好网络学习平台，学懂弄通做实习近平新时代中国特色社会主义思想。提高深入实施马克思主义理论研究和建设工程的本领和水平，把坚持以马克思主义为指导全面落实到思想理论建设、哲学社会科学研究、教育教学各方面。提高加强和改进学校思想政治教育的本领和水平，建立全员、全程、全方位育人体制机制，培养一代新人。提高落实意识形态工作责任制的本领和水平，能够正确区分政治原则问题、思想认识问题、学术观点问题，旗帜鲜明反对和抵制各种错误观点，保持马克思主义在意识形态上的指导地位。

第三，提高运用党对人民军队的绝对领导制度的能力。人民军队是中国特色社会主义的坚强柱石，党对人民军队的绝对领导是人民军队的建军之本、强军之魂。要提高全面贯彻新时代党的强军思想的本领和水平，建设强大的现代化陆军、海军、空军、火箭军和战略支援部队，打造坚强高效的战区联合作战指挥机构，构建中国特色现代作战体系，担当起党和人民赋予的新时代使命任务。要提高坚持人民军队最高领导权和指挥权属于党中央的本领和水平，坚持中央军委实行主席负责制，坚持全国武装力量由军委主席统一领导和指挥，完善贯彻军委主席负责制的体制机制，严格落实军委主席负责制各项制度规定，严明政治纪律和政治规矩，坚决维护党中央、中央军委权威，确保政令军令畅通。要提高运用人民军队党的建设制度体系的本领和水平，全面贯彻政治建军各项要求，坚持党委制、政治委员制、政治机关制，坚持党委统一的集体领导下的首长分工负责制，坚持支部建在连上，建设坚强有力的党组织和高素质专业化干部队伍，确保枪杆子永远掌握在忠于党的可靠的人手中。要提高运用把党对人民军队的绝对领导贯彻到军队建设各领域全过程的本领和水平，贯彻新时代军事战略方针，坚持战斗力根本标准，建立健全基于联合、平战一体的军事力量运用政策制度体系，坚持以战领建、抓建为战，建立健全精准高效、全面规范、刚性约束的军事管理政策制度体系，加快军民融合深度发展步伐，完善国防科技创新和武器装备建设制度，深化国防动员体制改革，加强全民国防教育，健全党政军警民合力强边固防工作机制，完善双拥工作和军民共建机制，加强军政军民团结。

“天下之势不盛则衰，天下之治不进则退。”提高运用中国特色社会主义根本制度的能力，要坚持改革创新，在坚持中国特色社会主义根本制度的前提下，不断改革完善根本制度，破除根本制度的前进障碍，释放根本制度的活力，发挥根本制度的显著优势，提升运用根本制度治理的效能。要创新方式方法，大胆运用互联网、大数据、人工智能等现代信息技术手段，如运用卫星、雷达、无人机、声呐、夜视技术、遥感技术、雷达探测、海洋监视、光导纤维、数据、图像等现代军事信息技术，提升运用根本制度的现代化水平。

# 提高运用中国特色社会主义基本制度的能力

中国特色社会主义基本制度是中国特色社会主义制度体系的重要组成部分，是根本制度与重要制度的中介，上承根本制度，下接重要制度。基本制度是制度体系的“顶梁柱”，规定着国家政治生活、经济生活的基本原则，决定了社会主义初级阶段中国社会的基本政治面貌和经济格局，是发展社会主义民主政治，推进社会主义市场经济的支柱性制度保障。坚持和完善中国特色社会主义制度，推进国家治理体系和治理能力现代化，提高运用中国特色社会主义制度体系的能力，必须特别重视提高运用中国特色社会主义基本制度的能力。

## 一、提高运用社会主义基本经济制度的能力

基本经济制度是经济制度体系中具有长期性和稳定性的部分，对经济制度属性和经济发展方式具有决定性影响。党的十九届四中全会要求：“坚持和完善社会主义基本经济制度，推动经济高质量发展。”第一次把按劳分配为主体、多种分配方式并存和社会主义市场经济体制上升为社会主义基本经济制度。这是全会的一大创新，标志着我国社会主义基本经济制度更加成熟、更加定型。

第一，提高运用社会主义基本经济制度的能力，关键是提高毫不动摇巩固和发展公有制经济，以及毫不动摇鼓励、支持、引导非公有制经济发

展的本领和水平，探索公有制多种实现形式，推进国有经济布局优化和结构调整，发展混合所有制经济，增强国有经济竞争力、创新力、控制力、影响力、抗风险能力，做强做优做大国有资本；健全支持民营经济、外商投资企业发展的法治环境，完善构建亲清政商关系的政策体系，营造各种所有制主体依法平等使用资源要素、公开公平公正参与竞争、同等受到法律保护的市场环境，发展农村集体经济，完善农村基本经营制度，发展壮大社会主义经济基础。

第二，提高坚持按劳分配为主体、多种分配方式并存的本领和水平，坚持多劳多得，提高劳动报酬在初次分配中的比重，健全劳动、资本、土地、知识、技术、管理、数据等生产要素由市场评价贡献、按贡献决定报酬的机制，健全以税收、社会保障、转移支付等为主要手段的再分配调节机制，重视发挥第三次分配作用，鼓励勤劳致富，保护合法收入，增加低收入者收入，扩大中等收入群体，调节过高收入，清理规范隐性收入，取缔非法收入，实现共同富裕。

第三，提高加快完善社会主义市场经济体制的本领和水平，建设高标准市场体系，强化竞争政策基础地位，健全以公平为原则的产权保护制度，推进要素市场制度建设，强化消费者权益保护，加强资本市场基础制度建设，优化经济治理基础数据库，健全推动发展先进制造业、振兴实体经济的体制机制，实施乡村振兴战略，构建区域协调发展新机制，形成主体功能明显、优势互补、高质量发展的区域经济布局，实现资源的优化配置。

第四，提高完善科技创新体制机制的本领和水平，弘扬科学精神和工匠精神，加快建设创新型国家，加大基础研究投入，建立以企业为主体、市场为导向、产学研深度融合的技术创新体系，完善科技人才发现、培养、激励机制，以科技促进生产力的发展。提高建设更高水平开放型经济新体制的本领和水平，实施更大范围、更宽领域、更深层次的全面开放，稳步推进人民币国际化，健全外商投资准入前国民待遇加负面清单管理制度，健全促进对外投资政策和服务体系，加快自由贸易试验区、自由贸易港等对外开放高地建设，推动建立国际宏观经济政策协调机制，健全外商投资国家安全审查、反垄断审查、国家技术安全清单管理、不可靠实体清单等制度，完善涉外经贸法律和规则体系，提高对外开放的质量和水平。

## 二、提高运用社会主义基本政治制度的能力

基本政治制度主要包括坚持中国共产党领导的多党合作和政治协商制度、民族区域自治制度和基层群众自治制度，是人民当家作主的重要保障。党的十九届四中全会要求，坚持和完善中国共产党领导的多党合作和政治协商制度，坚持和完善民族区域自治制度，健全充满活力的基层群众自治制度。

第一，提高运用社会主义基本政治制度的能力，主要是提高坚持和完善中国共产党领导的多党合作和政治协商制度的本领和水平，贯彻长期共存、互相监督、肝胆相照、荣辱与共的方针，加强中国特色社会主义政党制度建设，健全相互监督特别是中国共产党自觉接受监督、对重大决策部署贯彻落实情况实施专项监督等机制，完善民主党派中央直接向中共中央提出建议制度，完善支持民主党派和无党派人士履行职能方法，发挥人民政协作为政治组织和民主形式的效能，完善人民政协专门协商机构制度，统筹推进政党协商、人大协商、政府协商、政协协商、人民团体协商、基层协商以及社会组织协商，构建程序合理、环节完整的协商民主体系，完善协商于决策之前和决策实施之中的落实机制，丰富有事好商量、众人的事情由众人商量的制度化实践。

第二，提高坚持和完善民族区域自治制度的本领和水平，坚定不移走中国特色解决民族问题的正确道路，坚持各民族一律平等，保证民族自治

地方依法行使自治权，保障少数民族合法权益，坚持不懈开展马克思主义祖国观、民族观、文化观、历史观宣传教育，全面深入持久开展民族团结进步创建，支持和帮助民族地区加快发展，实现各民族共同团结奋斗、共同繁荣发展。要提高健全充满活力的基层群众自治制度的本领和水平，健全基层党组织领导的基层群众自治机制，健全以职工代表大会为基本形式的企事业单位民主管理制度，保障基层群众、职工的合法权益。

## 三、提高运用中国特色社会主义文化制度的能力

习近平总书记指出，中国特色社会主义文化，源自于中华民族五千多年文明历史所孕育的中华优秀传统文化，熔铸于党领导人民在革命、建设、改革中创造的革命文化和社会主义先进文化，植根于中国特色社会主义伟大实践。文化自信是制度自信的根基。中国共产党历来重视文化战线的现代化建设工作。从“百花齐放、百家争鸣”、“取其精华、去其糟粕”的社会主义建设时期文化方针，到党的十一届三中全会提出物质文明与精神文明建设“两手抓，两手都要硬”，从十七届六中全会确立建设社会主义文化强国的战略目标，到十九大制定推动社会主义文化繁荣兴盛的全方位布局，立足国情、底蕴深厚、点面结合、面向未来的中国特色社会主义文化制度逐步成型，臻于成熟。党的十九届四中全会重申了文化制度建设的重要性，要求:“坚持和完善繁荣发展社会主义先进文化的制度，巩固全体人民团结奋斗的共同思想基础。”

第一，提高运用中国特色社会主义文化制度的能力，要提高坚持以社会主义核心价值观引领文化建设制度的本领和水平，推动理想信念教育常态化、制度化，弘扬民族精神和时代精神，坚持依法治国和以德治国相结合，完善弘扬社会主义核心价值观的法律政策体系，把社会主义核心价值观要求融入法治建设和社会治理，体现到国民教育、精神文明创建、文化

产品创作生产全过程。推进中华优秀传统文化传承发展工程。完善青少年理想信念教育齐抓共管机制。健全志愿服务体系。完善诚信建设长效机制，健全覆盖全社会的征信体系，加强失信惩戒。

第二，要提高健全人民文化权益保障制度的本领和水平，坚持以人民为中心的工作导向，完善文化产品创作生产传播的引导激励机制，完善城乡公共文化服务体系。

第三，要提高完善坚持正确导向的舆论引导工作机制的本领和水平，坚持党管媒体原则，坚持团结稳定鼓劲、正面宣传为主，唱响主旋律、弘扬正能量。构建网上网下一体、内宣外宣联动的主流舆论格局，建立以内容建设为根本、先进技术为支撑、创新管理为保障的全媒体传播体系。改进和创新正面宣传，完善舆论监督制度，健全重大舆情和突发事件舆论引导体制。建立健全网络综合治理体系，加强和创新互联网内容建设，落实互联网企业信息管理主体责任，全面提高网络治理能力，营造清朗的网络空间。

第四，要提高建立健全把社会效益放在首位、社会效益和经济效益相统一的文化创作生产体制机制的本领和水平，深化文化体制改革，健全现代文化产业体系和市场体系，完善文化企业履行社会责任制度，完善文化和旅游融合发展体制机制，加强文艺创作引导，完善倡导讲品位讲格调讲责任、抵制低俗庸俗媚俗的工作机制。以此，巩固全体人民团结奋斗的共同思想基础。

## 四、提高运用民生保障制度的能力

增进人民福祉、促进人的全面发展是我们党立党为公、执政为民的本质要求。党的十九届四中全会要求：“坚持和完善统筹城乡的民生保障制度，满足人民日益增长的美好生活需要。”

第一，要提高健全有利于更充分更高质量就业的促进机制的本领和水平，坚持就业是民生之本，健全公共就业服务和终身职业技能培训制度，建立促进创业带动就业、多渠道灵活就业机制，健全劳动关系协调机制，促进广大劳动者实现体面劳动、全面发展。

第二，要提高构建服务全民终身学习的教育体系的本领和水平，全面贯彻党的教育方针，坚持教育优先发展，聚焦办好人民满意的教育，推动城乡义务教育一体化发展，支持和规范民办教育、合作办学，构建覆盖城乡的家庭教育指导服务体系，发挥网络教育和人工智能优势，创新教育和学习方式，建设学习型社会，培养德智体美劳全面发展的社会主义建设者和接班人。

第三，要提高完善覆盖全民的社会保障体系的本领和水平，坚持应保尽保原则，健全统筹城乡、可持续的基本养老保险制度、基本医疗保险制度，稳步提高保障水平，加快建立基本养老保险全国统筹制度，加快落实社保转移接续、异地就医结算制度，统筹完善社会救助、社会福利、慈善事业、优抚安置等制度，健全退役军人工作体系和保障制度，坚持和完善促进男女平等、妇女全面发展的制度机制，完善农村留守儿童和妇女、老年人关爱服务体系，健全残疾人帮扶制度，坚决打赢脱贫攻坚战，加快建立多主体供给、多渠道保障、租购并举的住房制度。

第四，要提高强化人民健康水平的制度保障的本领和水平，坚持关注生命全周期、健康全过程，深化医药卫生体制改革，坚持以基层为重点、预防为主、防治结合、中西医并重，加强公共卫生防疫和重大传染病防控，优化生育政策，积极应对人口老龄化，聚焦增强人民体质，健全促进全民健身制度性举措。以此，更好地满足人民日益增长的美好生活需要。

## 五、提高运用社会治理制度的能力

社会治理制度是国家治理体系的重要组成部分，社会治理能力是国家治理能力的题中应有之义。习近平总书记指出："社会治理是一门科学，管得太死，一潭死水不行；管得太松，波涛汹涌也不行。要讲究辩证法，处理好活力和秩序的关系。"党的十九届四中全会要求："坚持和完善共建共治共享的社会治理制度，保持社会稳定、维护国家安全。"

第一，要提高运用正确处理新形势下人民内部矛盾有效机制的本领和水平，坚持和发展新时代"枫桥经验"，畅通和规范群众诉求表达、利益协调、权益保障通道，完善信访制度，完善人民调解、行政调解、司法调解联动工作体系，健全社会心理服务体系和危机干预机制，完善社会矛盾纠纷多元预防调处化解综合机制，努力将矛盾化解在基层。

第二，要提高运用社会治安防控体系的本领和水平，坚持专群结合、群防群治，提高社会治安立体化、法治化、专业化、智能化水平，形成问题联治、工作联动、平安联创的工作机制，提高预测预警预防各类风险能力，增强社会治安防控的整体性、协同性、精准性。

第三，要提高运用公共安全体制机制的本领和水平，完善和落实安全生产责任和管理制度，构建统一指挥、专常兼备、反应灵敏、上下联动的应急管理体制，加强和改进食品药品安全监管制度，保障人民身体健康和生命安全。

第四，要提高构建基层社会治理新格局的本领和水平，完善群众参与基层社会治理的制度化渠道，健全党组织领导的自治、法治、德治相结合的城乡基层治理体系，加快推进市域社会治理现代化，推动社会治理和服务重心向基层下移，发挥家庭家教家风在基层社会治理中的重要作用，加强边疆治理，推进兴边富民。

第五，要提高完善国家安全体系的本领和水平，坚持总体国家安全观，统筹发展和安全，健全国家安全体系，健全国家安全法律制度体系，建立健全国家安全风险研判、防控协同、防范化解机制，提高防范抵御国家安全风险能力。以此，更好地保持社会稳定、维护国家安全。

## 六、提高运用生态文明制度体系

生态文明建设是关系中华民族永续发展的千年大计。党的十九届四中全会要求：“坚持和完善生态文明制度体系，促进人与自然和谐共生。”

第一，要提高运用生态环境保护制度的本领和水平，健全源头预防、过程控制、损害赔偿、责任追究的生态环境保护体系，加快建立健全国土空间规划和用途统筹协调管控制度，完善绿色生产和消费的法律制度和政策导向，构建以排污许可制为核心的固定污染源监管制度体系，完善污染防治区域联动机制和陆海统筹的生态环境治理体系，加强农业农村环境污染防治，完善生态环境保护法律体系和执法司法制度。

第二，要提高运用资源高效利用制度的本领和水平，推进自然资源统一确权登记法治化、规范化、标准化、信息化，健全资源节约集约循环利用政策体系，实行垃圾分类和资源化利用制度，推进能源革命，健全海洋资源开发保护制度，健全自然资源监管体制。

第三，要提高运用生态保护和修复制度的本领和水平，统筹山水林田湖草一体化保护和修复，加强森林、草原、河流、湖泊、湿地、海洋等自然生态保护，构建以国家公园为主体的自然保护地体系，加强长江、黄河等大江大河生态保护和系统治理，开展大规模国土绿化行动。

第四，提高运用生态环境保护责任制度的本领和水平，建立生态文明建设目标评价考核制度，开展领导干部自然资源资产离任审计，推进生态环境保护综合行政执法，健全生态环境监测和评价制度，实行生态环境损害责任终身追究制。以此，更好地促进人与自然和谐共生。

此外，我们还要大胆改革创新，运用现代科技信息方法，提高运用中国特色社会主义基本制度的能力，推进治理能力现代化。

# 提高运用中国特色社会主义重要制度的能力

治理国家必须依靠一套完备的制度体系，因为制度是起根本性、全局性、长远性作用的，如果没有好的治理能力，再好的制度也难以发挥作用。因此，除了提高运用中国特色社会主义根本制度、基本制度的能力外，还需要提高运用中国特色社会主义重要制度的能力来充分发挥国家治理体系的效能，实现两者同步发展和相互促进。

中国特色社会主义重要制度，是由中国特色社会主义根本制度、中国特色社会主义基本制度派生的国家治理各领域各方面的主体性制度，具体讲就是建立在根本制度、基本制度之上的关于法律法治、行政管理、“一国两制”、对外事务、党和国家监督等方面的主体性制度。中国特色社会主义重要制度，连接国家治理体系的顶层即根本制度、基本制度，向下延伸到社会生产生活的方方面面，使国家治理的总体要求、总体目标和一系列政策举措落实落细，使中国特色社会主义制度优势和国家治理体系的功能作用得到充分发挥。

## 一、提高运用中国特色社会主义法治体系的能力

全面推进依法治国是国家治理领域一场广泛而深刻的革命。法治体系就是法治建设的“纲”，是国家治理体系的骨干工程。党的十九届四中全会要求：“坚持和完善中国特色社会主义法治体系，提高党依法治国、依

法执政能力。”

第一，要提高运用保证宪法全面实施的体制机制的本领和水平，坚持依宪治国、依宪执政。加强宪法实施和监督，健全法律面前人人平等保障机制，维护国家法制统一、尊严、权威。

第二，要提高运用立法体制机制的本领和水平，坚持科学立法、民主立法、依法立法，完善党委领导、人大主导、政府依托、各方参与的立法工作格局，立改废释并举，不断提高立法质量和效率；完善以宪法为核心的中国特色社会主义法律体系，以良法保障善治。

第三，要提高运用社会公平正义法治保障制度的本领和水平，加强人权法治保障，坚持有法必依、执法必严、违法必究，深化司法体制综合配套改革，努力让人民群众感受到公平正义。

第四，要提高加强对法律实施监督的本领和水平，保证行政权、监察权、审判权、检察权得到依法正确行使，保证公民、法人和其他组织合法权益得到切实保障，拓展公益诉讼案件范围，加大对严重违法行为处罚力度，加大全民普法工作力度，提高运用法治思维和法治方式深化改革、推动发展、化解矛盾、维护稳定、应对风险的能力。以此，提高党依法治国、依法执政能力。

## 二、提高运用中国特色社会主义行政体制的能力

国家行政管理承担着按照党和国家决策部署推动经济社会发展、管理社会事务、服务人民群众的重大职责。党的十九届四中全会要求：“坚持和完善中国特色社会主义行政体制，构建职责明确、依法行政的政府治理体系。”这旨在让政府更好履行重大职责。

第一，要提高完善国家行政体制的本领和水平，以推进国家机构职能优化协同高效为着力点，优化行政决策、行政执行、行政组织、行政监督

体制，健全部门协调配合机制，最大限度减少不必要的行政执法事项，整合行政执法队伍，继续探索实行跨领域跨部门综合执法，落实行政执法责任制和责任追究制度，加快推进全国一体化政务服务平台建设，健全强有力的行政执行系统，提高政府执行力和公信力。

第二，要提高优化政府职责体系的本领和水平，完善政府经济调节、市场监管、社会管理、公共服务、生态环境保护等职能，实行政府权责清单制度，厘清政府和市场、政府和社会关系，深入推进简政放权、放管结合、优化服务，健全宏观调控制度体系，完善国家重大发展战略和中长期经济社会发展规划制度，完善标准科学、规范透明、约束有力的预算制度，建设现代中央银行制度，严格市场监管、质量监管、安全监管，建立健全运用互联网、大数据、人工智能等技术手段进行行政管理的制度规则，推进数字政府建设，加强数据有序共享，依法保护个人信息。

第三，要提高优化政府组织结构的本领和水平，推进机构、职能、权限、程序、责任法定化，使政府机构设置更加科学、职能更加优化、权责更加协同，严格机构编制管理，优化行政区划设置，提高中心城市和城市群综合承载和资源优化配置能力。

第四，要提高发挥中央和地方两个积极性体制机制的本领和水平，理顺中央和地方权责关系，加强中央宏观事务管理，维护国家法制统一、政令统一、市场统一，适当加强中央在知识产权保护、养老保险、跨区域生态环境保护等方面事权，减少并规范中央和地方共同事权，赋予地方更多自主权，规范垂直管理体制和地方分级管理体制，优化政府间事权和财权划分，构建从中央到地方权责清晰、运行顺畅、充满活力的工作体系。以此，构建职责明确、依法行政的政府治理体系。

## 三、提高运用“一国两制”制度体系的能力

祖国和平统一，是中华儿女的共同愿望、大势所趋和中华民族根本利

益所在，是中华民族的根本利益。党的十九届四中全会明确：“坚持和完善‘一国两制’制度体系，推进祖国和平统一。”

第一，要提高全面准确贯彻“一国两制”、“港人治港”、“澳人治澳”、高度自治的方针的本领和水平，坚持依法治港治澳，维护宪法和基本法确定的宪制秩序，把坚持“一国”原则和尊重“两制”差异、维护中央对特别行政区全面管治权和保障特别行政区高度自治权、发挥祖国内地坚强后盾作用和提高特别行政区自身竞争力结合起来；完善特别行政区同宪法和基本法实施相关的制度和机制，坚持以爱国者为主体的“港人治港”“澳人治澳”，提高特别行政区依法治理能力和水平。

第二，要提高健全中央依照宪法和基本法对特别行政区行使全面管治权的制度的本领和水平，完善中央对特别行政区行政长官和主要官员的任免制度和机制、全国人大常委会对基本法的解释制度，建立健全特别行政区维护国家安全的法律制度和执行机制，健全特别行政区行政长官对中央政府负责的制度，完善香港、澳门融入国家发展大局、同内地优势互补、协同发展机制，推进粤港澳大湾区建设，支持香港、澳门发展经济、改善民生，加强对香港、澳门社会特别是公职人员和青少年的宪法和基本法教育、国情教育、中国历史和中华文化教育，坚决防范和遏制外部势力干预港澳事务和进行分裂、颠覆、渗透、破坏活动，确保香港、澳门长治久安。要提高坚定推进祖国和平统一进程的本领和水平，推动两岸就和平发展达成制度性安排，完善促进两岸交流合作、深化两岸融合发展、保障台湾同胞福祉的制度安排和政策措施，团结广大台湾同胞共同反对“台独”、促进统一，在确保国家主权、安全、发展利益的前提下，和平统一后，台湾同胞的社会制度和生活方式将得到充分尊重，台湾同胞的私人财产、宗教信仰、合法权益将得到充分保障。以此，更好地推进祖国和平统一。

## 四、提高运用独立自主的和平外交政策的能力

中国坚持独立自主的和平外交政策，这不是权宜之计，而是战略选择和郑重承诺。党的十九届四中全会指出："坚持和完善独立自主的和平外交政策，推动构建人类命运共同体。"中华民族爱好和平，历来崇尚"和为贵"，深知"国虽大，好战必亡"的道理。近代以来，中国遭遇了100多年的动荡和战火，更加深知和平的宝贵，决不会放弃维护和平的决心和愿望，决不会把自身曾经遭遇的苦难强加于他人。对于一切国际事务，都从中国人民和世界人民的根本利益出发，根据事情本身的是非曲直，决定自己的立场和政策，不屈从于任何外来压力。

面对充满希望与挑战的世界，中国始终恪守维护世界和平、促进共同发展的外交政策宗旨，既没有因现实复杂而放弃梦想，也没有因理想遥远而放弃追求。中国人民经过长期奋斗才赢得独立自主的权利，对此倍加珍惜。"履不必同，期于适足；治不必同，期于利民。"一个国家发展道路合不合适，只有这个国家的人民才最有发言权。中国反对把自己的意志强加于他人，反对干涉别国内政，反对以强凌弱。正如肯尼亚政治学家史蒂芬·恩德戈瓦所言："同西方国家动辄挥舞起大棒要求我们向左走、向右走不同，中国始终支持非洲国家自主选择符合自身情况的发展道路，始终给予我们最真诚的帮助。"

中国坚持和平发展道路，这不意味着放弃维护国家利益的权利，不意味着中国软弱可欺。中国人民不信邪也不怕邪，不惹事也不怕事。习近平总书记在十九大报告中坚定指出："中国决不会以牺牲别国利益为代价来发展自己，也决不放弃自己的正当权益，任何人不要幻想让中国吞下损害自身利益的苦果。"在国家主权、安全等核心利益问题上，中国向世界明

确了红线、亮明了底线。[1]

构建人类命运共同体思想是马克思主义中国化的重要理论成果。从历史发展的进程来看，构建人类命运共同体是以习近平同志为核心的党中央，以马克思主义中国化理论为基础，立足新时代中国特色社会主义发展实际提出的新话语体系，具有很强的创新性，在国际社会引起了广泛共鸣。构建人类命运共同体思想展现了中国包容并蓄的大国姿态，体现了中国勇于承担国际责任的担当精神。中国一直致力于打造一个和平稳定、安全友好的地区和国际环境，这也是爱好和平的世界人民的共同心愿。构建人类命运共同体思想的提出，真正地打破了以往各种“同盟”在国家和地域上的界限，着力打造一个将全人类的前途和命运作为制高点、不具有任何“排他性”的利益共同体。这一理念是中国向世界发出的声音，是中国为世界和平发展贡献出的中国方案，凝结了深厚的中国文化和中国智慧，展示了中华民族博大的胸襟。“一带一路”建设的不断推进与实施，为构建人类命运共同体思想的实践提供了良好的载体和切实可行的实施方案，也将不同文明间的包容和交流提升至新境界。[2]

第一，要提高运用党对外事工作领导体制机制的本领和水平，坚持外交大权在党中央，统筹协调党、人大、政府、政协、军队、地方、人民团体等的对外交往，加强党总揽全局、协调各方的对外工作大协同格局，提高涉外工作法治化水平。

第二，要提高完善全方位外交布局的本领和水平，坚定不移走和平发展道路，坚持在和平共处五项原则基础上全面发展同各国的友好合作，坚持通过对话协商、以和平手段解决国际争端和热点难点问题，坚持奉行防

[1] 钟声：《独立自主 崇尚和平》，《人民日报》2017 年 11 月 23 日。

[2] 杨建新、徐双俊、阎丽丽：《准确把握构建人类命运共同体思想的内在逻辑》，《光明日报》2019 年 10 月 23 日。

御性的国防政策，永远不称霸，永远不搞扩张，永远做维护世界和平的坚定力量。

第三，要提高推进合作共赢的开放体系建设的本领和水平，坚持互利共赢的开放战略，推动共建“一带一路”高质量发展，健全对外开放安全保障体系，构建海外利益保护和风险预警防范体系，维护海外同胞安全和正当权益，保障重大项目和人员机构安全。

第四，要提高积极参与全球治理体系改革和建设的本领和水平，高举构建人类命运共同体旗帜，秉持共商共建共享的全球治理观，倡导多边主义和国际关系民主化，推动全球经济治理机制变革，推动在共同但有区别的责任、公平、各自能力等原则基础上开展应对气候变化国际合作，维护联合国在全球治理中的核心地位，支持上海合作组织、金砖国家、二十国集团等平台机制化建设，推动构建更加公正合理的国际治理体系。以此，推动构建人类命运共同体 。

## 五、提高运用党和国家监督体系的能力

不受制约和监督的权力，必然导致滥用和腐败，这是一条铁律。党的十九届四中全会明确：“坚持和完善党和国家监督体系，强化对权力运行的制约和监督。”

第一，要提高运用党和国家监督制度的本领和水平，完善党内监督体系，重点加强对高级干部、各级主要领导干部的监督，强化政治监督，加强上级纪委监委对下级纪委监委的领导，完善派驻监督体制机制，推进纪律监督、监察监督、派驻监督、巡视监督统筹衔接，健全人大监督、民主监督、行政监督、司法监督、群众监督、舆论监督制度，发挥审计监督、统计监督职能作用，推动各类监督有机贯通、相互协调。

第二，要提高运用权力配置和运行制约机制的本领和水平，坚持权责

法定，健全分事行权、分岗设权、分级授权、定期轮岗制度，明晰权力边界，规范工作流程，推动用权公开，建立权力运行可查询、可追溯的反馈机制，盯紧权力运行各个环节，完善发现问题、纠正偏差、精准问责有效机制，压减权力设租寻租空间。

第三，要提高运用一体推进不敢腐、不能腐、不想腐体制机制的本领和水平，坚定不移推进反腐败斗争，深化标本兼治，推动审批监管、执法司法、工程建设、资源开发、金融信贷、公共资源交易、公共财政支出等重点领域监督机制改革和制度建设，加强思想道德和党纪国法教育，巩固和发展反腐败斗争压倒性胜利。以此，强化对权力运行的制约和监督。

此外，提高运用中国特色社会主义重要制度的能力，还要提高运用现代信息技术的本领，推动治理能力的现代化。

制度的生命力在于执行。坚持和完善中国特色社会主义重要制度，乃至坚持和完善中国特色社会主义根本制度、基本制度，既要在建制度、立规矩上下功夫，更要在抓落实、抓执行上下气力，真正让铁规发力，让禁令生威。

提高运用中国特色社会主义根本制度、基本制度、重要制度来治理国家的能力，是一个相互联系的有机整体，既要提升运用各项制度的本领和水平，又要统筹谋划，是各项制度的能力相互配合，以此提高运用整个中国特色社会主义制度体系的本领和水平，让制度优势更好地转化为国家治理效能。

# 第七章

# 培育国家治理体系和治理能力现代化的价值基础

社会主义核心价值体系和核心价值观是国家治理体系和治理能力现代化的重要支撑。推进国家治理体系和治理能力现代化，必须培育和弘扬社会主义核心价值体系和核心价值观，以构建起支撑国家治理体系和治理能力现代化的价值体系。

## 国家治理体系和治理能力现代化的灵魂

国家治理体系是一整套制度体系，国家治理能力是治理国家的本领和水平，赋予其生命和活力的是社会主义核心价值体系和核心价值观。因此，社会主义核心价值体系和核心价值观是国家治理体系和治理能力现代化的“灵魂”。

社会主义核心价值体系是马克思主义指导思想、中国特色社会主义共同理想、以爱国主义为核心的民族精神和以改革创新为核心的时代精神以及社会主义荣辱观的有机统一，其核心价值观是“富强、民主、文明、和谐”、“自由、平等、公正、法治”和“爱国、敬业、诚信、友善”的统一，其对国家治理体系和治理能力现代化的作用主要表现在以下几个方面。

第一，马克思主义指导思想是国家治理体系和治理能力现代化的思想灵魂。马克思主义是马克思恩格斯创立的、后人继承发展的人类社会如何从资本主义发展到社会主义，特别是关于社会主义革命和社会主义建设的科学理论体系。《中华人民共和国宪法》明确规定：中国各族人民将继续在中国共产党领导下，在马克思列宁主义、毛泽东思想、邓小平理论、“三个代表”重要思想、科学发展观、习近平新时代中国特色社会主义思想指引下，坚持人民民主专政，坚持社会主义道路，坚持改革开放，不断完善社会主义的各项制度，发展社会主义市场经济，发展社会主义民主，健全社会主义法治，贯彻新发展理念，自力更生，艰苦奋斗，逐步实现工业、农业、国防和科学技术的现代化，推动物质文明、政治文明、精神文明、社会文明、生态文明协调发展，把我国建设成为富强民主文明和谐美丽的社会主义现代化强国，实现中华民族伟大复兴。明确确立了马克思主义特别是习近平新时代中国特色社会主义思想在国家中的指导地位。国家治理体系和治理能力现代化是马克思主义与中国实际和时代特征相结合的产物，是马克思主义指导思想不断与时俱进的结果，是习近平新时代中国特色社会主义思想的重要内容。马克思主义指导思想特别是习近平新时代中国特色社会主义思想赋予国家治理体系和治理能力现代化以生命，贯穿国家治理体系和治理能力现代化始终，成为国家治理体系和治理能力现代化的灵魂，成为推进国家治理体系和治理能力现代化的科学世界观和方法论。

第二，中国特色社会主义共同理想是国家治理体系和治理能力现代化的共同指向。中国特色社会主义共同理想代表着全国各族人民的共同利益，是当代中国社会发展进步的旗帜，是全国各族人民的共同理想和追求。中国特色社会主义共同理想是中国特色社会主义的优势，可以统一社会不同阶级、不同阶层、不同派别的思想，化解理想与现实、当前利益与长远利益之间的矛盾，创造国家治理的良好环境，激发广大人民群众参与国家治理的积极性、主动性、创造性，提供推进国家治理体系和治理能力现代化的不竭动力，明晰国家治理体系和治理能力现代化的方向，确保国家治理体系和治理能力现代化能够及时排除国内外不利因素的干扰，始终沿着正确的方向前进。

第三，以爱国主义为核心的民族精神和以改革创新为核心的时代精神是国家治理体系和治理能力现代化的持续动力。在5000多年的发展中，中华民族形成了以爱国主义为核心的团结统一、爱好和平、勤劳勇敢、自强不息的伟大民族精神。在40多年的改革开放中，我们又形成了以改革创新为核心的解放思想实事求是、与时俱进勇于创新、知难而进一往无前、艰苦奋斗务求实效、淡泊名利无私奉献的时代精神。精神是制度的灵魂，是能力的能源。以爱国主义为核心的民族精神是国家治理体系和治理能力现代化的中国标识，是激发中华民族走向国家治理体系和治理能力现代化的精神力量，是推进国家治理体系和治理能力现代化的正能量，是推进国家治理体系和治理能力现代化的持续推动力。以改革创新为核心的时代精神，是消除国家治理体系和治理能力现代化的体制机制障碍、破解国家治理体系和治理能力现代化难题、激发国家治理主体的积极性和创造性、创新国家治理、增强国家治理能力、推进国家治理体系和治理能力现代化的不竭动力。

社会主义荣辱观是国家治理体系和治理能力现代化的道德根基。"以热爱祖国为荣、以危害祖国为耻，以服务人民为荣、以背离人民为耻，以崇尚科学为荣、以愚昧无知为耻，以辛勤劳动为荣、以好逸恶劳为耻，以团结互助为荣、以损人利己为耻，以诚实守信为荣、以见利忘义为耻，以遵纪守法为荣、以违法乱纪为耻，以艰苦奋斗为荣、以骄奢淫逸为耻"的社会主义荣辱观，是善恶、美丑、荣辱的界限，是国家治理体系和治理能力现代化的价值理念，奠定了国家治理体系和治理能力现代化的道德根基，明确了国家治理体系和治理能力现代化的八个指向，即鼓励热爱祖国、服务人民、崇尚科学、辛勤劳动、团结互助、诚实守信、遵纪守法、艰苦奋斗，打击危害祖国、背离人民、愚昧无知、好逸恶劳、损人利己、见利忘义、违法乱纪、骄奢淫逸，明确了国家治理体系和治理能力现代化的重要要求。此外，大力弘扬社会主义荣辱观还有助于形成良好的社会风尚和社会环境，助推国家治理体系和治理能力现代化。

富强、民主、文明、和谐是国家治理体系和治理能力现代化在国家层面的价值标准和目标。富强、民主、文明、和谐是社会主义现代化的重要内涵，是对国家治理体系和治理能力现代化的重要要求，是国家治理体系和治理能力现代化的重要标准，也是推进国家治理体系和治理能力现代化的目标。（1）富强是对国家治理体系和治理能力现代化的力量要求，是国家治理体系和治理能力现代化的标准，没有坚实的物质基础，没有强大的治理能力，就不会有强大的国家治理，也就谈不上国家治理体系和治理能力现代化。富强是国家治理体系和治理能力现代化的目标，推进国家治理体系和治理能力现代化的一个重要目的就是促使民富国强。（2）民主是现代文明的标识，是国家治理体系和治理能力现代化的标准，没有民主，就谈不上现代化的国家治理，也就难以集中人民群众的智慧和力量，形成现代化的治理能力。同时，推进国家治理体系和治理能力现代化的目的之一就是实现和维护人民民主。（3）文明是对国家治理体系和治理能力现代化的进步要求，是国家治理体系和治理能力现代化的标准，政治文明是国家治理体系和治理能力现代化的自身要求，物质文明是国家治理体系和治理能力现代化的物质基础，精神文明是国家治理体系和治理能力现代化的精神动力，社会文明是国家治理体系和治理能力现代化的社会条件，生态文明是国家治理体系和治理能力现代化的自然条件。没有文明，就谈不上国家治理体系和治理能力现代化。同时，创造文明也是推进国家治理体系和治理能力现代化的目的和任务。（4）和谐是对国家治理体系和治理能力现代化的内在要求。和的本义是和谐，具有治理之义。推进国家治理体系和治理能力现代化的过程，也是促进社会和谐的过程。国家治理体系和治理能力现代化，要以和谐为条件，以和谐为手段，以和谐为目标，以和谐为标准。同时，实现社会和谐也是推进国家治理体系和治理能力现代化的目的和追求。此外，美丽也是国家治理体系和治理能力现代化的重要目的、重要标准和重要要求。生态文明建设是关系中华民族永续发展的千年大计。必须践行绿水青山就是金山银山的理念，坚持节约资源和保护环境的基本国策，坚持节约优先、保护优先、自然恢复为主的方针，坚定走生产发展、生活富裕、生态良好的文明发展道路，建设美丽中国。

自由、平等、公正、法治是国家治理体系和治理能力现代化在社会层面的价值目标和标准。自由、平等、公正、法治作为先进的价值理念，是国家治理体系和治理能力现代化的重要标准，是对国家治理体系和治理能力现代化的要求，也是推进国家治理体系和治理能力现代化的目标。（1）社会治理主体要以自由为目标，认识治理规律，遵循治理规律，通过治理，使治理客体免遭压迫，享受法律范围内的自由；同时，自由也是国家治理体系和治理能力是否实现现代化的标准，没有自由，谈不上国家治理体系和治理能力现代化。（2）社会治理主体要以平等为目标，通过治理，使社会治理客体在经济、政治、社会地位方面一律平等，在法律和制度方面一律平等，没有特权；同时，平等是国家治理体系和治理能力是否现代化的标准，没有平等，也谈不上国家治理体系和治理能力现代化。（3）社会治理主体要以公正为目标，公开、公平、正确地对待社会治理客体，通过治理，消除社会不公现象，实现社会公平正义；同时，公正是国家治理体系和治理能力是否实现现代化的标准，没有公正，也谈不上国家治理体系和治理能力现代化。（4）社会治理主体要以法治为目标，以法治社，通过治理，确保法律在社会生活中的至高地位，做到有法必依、执法必严、违法必究；同时，法治是国家治理体系和治理能力是否实现现代化的标准，没有法治，同样谈不上国家治理体系和治理能力现代化。

爱国、敬业、诚信、友善是国家治理体系和治理能力现代化在个人层面的价值目标和标准。爱国、敬业、诚信、友善是对公民的基本要求，是国家治理体系和治理能力现代化的目标，也是国家治理体系和治理能力现代化的标准。（1）治理主体要以爱国为目标进行治理，培育公民热爱历史文化、热爱大好河山、热爱骨肉同胞、热爱社会主义制度的爱国情怀，奉献青春热血，切实维护国家利益；同时，爱国是国家治理体系和治理能力是否实现现代化的标准，没有爱国，国之不存，谈不上国家治理，更谈不上国家治理体系和治理能力现代化。（2）治理主体要爱岗敬业，并以敬业为目标进行治理，促使公民立足岗位，尽心尽责，做出贡献。同时，敬业是国家治理体系和治理能力是否实现现代化的标准，没有敬业，国家治理体系就难以有效运作，治理能力也难以提高，就难以实现国家治理体系和治理能力现代化。（3）治理主体要做到诚实守信，并以诚信为目标进行治理，促使公民讲实情、说实话、办实事，有诺必践，说到做到，说好做好。诚信是国家治理体系和治理能力是否实现现代化的标准，没有诚信，就不会有对法律和制度的自觉遵从，就谈不上国家治理，更谈不上国家治理的现代化。（4）治理主体要做到仁爱友好，并以友善为目标进行治理，促使公民爱心常存，亲近和睦，助人为乐。同时，友善是国家治理体系和治理能力是否实现现代化的标准，没有形成良好友善的社会关系，就谈不上国家治理的成功，也谈不上国家治理体系和治理能力现代化。

总之，国家治理体系和治理能力现代化与社会主义核心价值体系和核心价值观相互联系，密不可分。国家治理体系和治理能力现代化是社会主义核心价值体系和核心价值观的载体，社会主义核心价值体系和核心价值观赋予国家治理体系和治理能力现代化以生命和灵魂。推进国家治理体系和治理能力现代化，必须大力培育和弘扬社会主义核心价值体系和核心价值观。

# 培育和弘扬社会主义核心价值体系

社会主义核心价值体系是中国共产党人在长期的革命、建设、改革过程中，特别是在经济全球化深入发展、文化联系更加密切、经济体制深刻变革、社会结构深刻变动、利益格局深刻调整、思想观念深刻变化、社会思潮纷繁变幻、文化作用日益凸显的背景下，在科学总结社会主义革命、建设和改革经验教训的基础上，逐步提出完善的一个重大理论命题和实践任务。

马克思主义是中国共产党的指导思想。1920 年 11 月《中国共产党宣言》阐述了共产主义者的理想和目的。党的二大进一步指出："中国共产党是中国无产阶级政党。它的目的是要组织无产阶级，用阶级斗争的手段，建立劳农专政的政治，铲除私有财产制度，渐次达到一个共产主义的社会。"党的七大明确了毛泽东思想的指导地位，指出："中国共产党，以马克思列宁主义的理论与中国革命的实践统一的思想——毛泽东思想，作为自己一切工作的指针，反对任何教条主义的或经验主义的偏向。"新中国成立后，进行"三大改造"，建立社会主义新制度。在总结社会主义探索经验教训的基础上，我们党开辟了中国特色社会主义新道路，建设中国特色社会主义成为全国人民的共同理想，指导这种实践的邓小平理论也日益成熟。党的十五大把邓小平理论写入党章，指出："中国共产党以马克思列宁主义、毛泽东思想、邓小平理论作为自己的行动指南。"在推进中国特色社会主义实践中，马克思主义不断丰富，形成了"三个代表"重要思想和科学发展观，党的十六大把“三个代表”重要思想写入了党章，党的十八大把科学发展观写入党章。在新时代继续推进中国特色社会主义的伟大实践中，创立了习近平新时代中国特色社会主义思想，党的十九大将其写入了党章，明确指出：“中国共产党以马克思列宁主义、毛泽东思想、邓小平理论、‘三个代表’重要思想、科学发展观、习近平新时代中国特色社会主义思想作为自己的行动指南。”

伴随着革命、建设、改革的探索进程，我们党建设社会主义核心价值体系的自觉性日益提高。2006 年 10 月，党的十六届六中全会根据建设和谐文化、巩固社会和谐思想道德基础的需要，整合马克思主义指导思想、中国特色社会主义共同理想、以爱国主义为核心的民族精神和以改革创新为核心的时代精神、社会主义荣辱观等重大理论成果，第一次提出了社会主义核心价值体系范畴，并指出：社会主义核心价值体系是建设和谐文化的根本。这是对社会主义核心价值体系的文化定位，揭示了社会主义核心价值体系与和谐文化建设的内在联系，开启了社会主义核心价值体系认识的新道路。经过一年探索，2007 年 10 月，党的十七大在提出推动社会主义文化大发展大繁荣时指出，社会主义核心价值体系是社会主义意识形态的本质体现。这是社会主义核心价值体系的意识形态定位，揭示了社会主义核心价值体系与社会主义意识形态的本质联系，表明了社会主义核心价值体系体现社会主义意识形态性质，统领社会主义的政治法律思想、道德、文学艺术、宗教、哲学和其他意识形式，达到了社会主义核心价值体系认识的新水平。2011 年 10 月，党的十七届六中全会提出社会主义核心价值体系是社会主义先进文化的精髓；社会主义核心价值体系是兴国之魂，深化了社会主义核心价值体系文化定位，提出了社会主义核心价值体系的国家定位，揭示了社会主义核心价值体系与国家兴亡的必然联系，达到了社会主义核心价值体系认识的新水平。党的十八大以来，以习近平同志为核心的党中央，提出“推进国家治理体系和治理能力现代化，要大力培育和弘扬社会主义核心价值体系和核心价值观，加快构建充分反映中国特色、民族特性、时代特征的价值体系”，把对社会主义核心价值体系的认识提升到新高度。

社会主义核心价值体系是深化文化体制改革的核心，是国家治理体系和治理能力现代化的灵魂。根据诺斯的制度有正式规则、非正式规则和这些规则的执行机制的观点，社会主义核心价值体系属于国家治理体系的非正式规则，在国家治理体系和治理能力现代化中发挥着引领、凝聚、评价、调节功能。因此，推进国家治理体系和治理能力现代化，必须培育和弘扬社会主义核心价值体系。

第一，把坚定马克思主义信仰、巩固马克思主义指导地位，贯穿于国家治理体系和治理能力现代化过程。马克思主义是社会主义核心价值体系的灵魂。首先，开展马克思主义教育。深入实施马克思主义理论研究和建设工程，把坚持以马克思主义为指导全面落实到思想理论建设、哲学社会科学研究、教育教学各方面。加强和改进学校思想政治教育，建立全员、全程、全方位育人体制机制。落实意识形态工作责任制，注意区分政治原则问题、思想认识问题、学术观点问题，旗帜鲜明反对和抵制各种错误观点。要开展马克思主义经典著作学习教育，特别是国家治理体系和治理能力现代化的主体，要认真学习马克思主义，真正掌握马克思主义立场、观点、方法，掌握其精髓实质。其次，要自觉地把马克思主义应用于国家治理体系和治理能力现代化的实践之中。马克思主义的生命力在于实践，要用马克思主义的世界观和方法论，科学认识和分析世情、国情、党情新变化，深入研究国家治理体系和治理能力现代化中的新课题，并作出马克思主义的科学解答，推进国家治理体系和治理能力现代化。再次，要丰富马克思主义。马克思主义会不会过时，关键在于能否随着实践而发展。我们要不断地把党带领人民创造的社会主义建设成功经验包括推进国家治理体系和治理能力现代化的经验上升为理论，不断赋予当代中国马克思主义鲜明的实践特色、民族特色、时代特色，丰富马克思主义，永葆马克思主义的青春和活力。最后，要特别重视中国特色社会主义理论体系特别是习近平新时代中国特色社会主义思想的学习教育。中国特色社会主义理论体系是马克思主义中国化的理论成果。习近平新时代中国特色社会主义思想是其最新理论成果，是当代中国的马克思主义，是国家治理体系和治理能力现代化的直接指导。坚定马克思主义信仰，最重要的是坚定中国特色社会主义理论自信特别是对习近平新时代中国特色社会主义思想的理论自信，推动中国特色社会主义理论体系特别是习近平新时代中国特色社会主义思想进教材、进课堂、进头脑，用中国特色社会主义理论体系特别是习近平新时代中国特色社会主义思想武装全党、教育人民，为国家治理体系和治理能力现代化铸魂，并增强国家治理体系和治理能力现代化的群众基础。

第二，坚定中国特色社会主义共同理想，引领国家治理体系和治理能力现代化。中国特色社会主义共同理想是当代中国发展进步的根本方向，是社会主义核心价值体系的主题，是国家治理体系和治理能力现代化的方向和目标。应紧密结合中国特色社会主义成功实践，联系干部群众思想实际，针对社会热点难点问题，深入开展初心使命教育、形势政策教育、国情教育、革命传统教育、改革开放教育、国防教育，组织学习中国近现代史特别是中国共产党党史，引导干部群众深刻认识中国共产党领导和中国特色社会主义制度的历史必然性和优越性，深刻认识走中国特色社会主义道路的必然性，增强中国特色社会主义的道路自信、理论自信、制度自信、文化自信，坚定中国特色社会主义共同理想，坚持中国特色社会主义制度，沿着中国特色社会主义道路，推进国家治理体系和治理能力现代化。

第三，培育和弘扬民族精神和时代精神，强化中华民族的精神支柱，助力国家治理体系和治理能力现代化。以爱国主义为核心的民族精神和以改革创新为核心的时代精神，是中华民族赖以生存和发展的动力和精神支柱，是社会主义核心价值体系的精髓，是国家治理体系和治理能力现代化的动力。要深入开展民族精神教育，大力弘扬爱国主义、集体主义、社会主义思想，艰苦奋斗、劳动光荣、勤俭节约的优良传统，以及团结统一、爱好和平、勤劳勇敢、自强不息的伟大民族精神，增强民族自尊心、自信心、自豪感，增强民族团结，凝结人民智慧，把爱国热情化作中华民族伟大复兴的实际行动，化作国家治理体系和治理能力现代化的动力。深入开展时代精神教育，弘扬勇于改革、敢于创新的时代精神，引导干部群众始终保持与时俱进、开拓创新的精神状态，以思想不断解放推动事业持续发展，用改革创新推进国家治理体系和治理能力现代化。

第四，培育和弘扬社会主义荣辱观，引领社会风尚，评判和优化国家治理体系和治理能力现代化。社会主义荣辱观是社会主义道德的根本要求，是社会主义核心价值体系的基础。它正确地回答了什么是真善美，什么是假恶丑，为在社会主义市场经济条件下判断行为得失，为国家治理体系和治理能力现代化提供了价值取向和标准。应加强社会公德、职业道德、家庭美德、个人品德教育，开展法制宣传教育、反腐倡廉教育和科学知识教育，加强人文关怀和心理疏导，推进公民道德建设工程、群众性精神文明创建活动、学雷锋活动，学习宣传道德模范和时代楷模，开展道德领域突出问题专项教育和治理，坚决反对拜金主义、享乐主义、极端个人主义，坚决纠正以权谋私、造假欺诈、见利忘义、损人利己等歪风邪气，引导人民增强道德判断力和道德荣誉感，在全社会形成知荣辱、讲正气、做奉献、促和谐的良好风尚，形成社会主义荣辱标杆，评判治理行为，提升国家治理体系和治理能力现代化水平。

# 培育和弘扬社会主义核心价值观

社会主义核心价值观是社会主义核心价值体系的内核，体现社会主义核心价值体系的根本性质和基本特征，反映社会主义核心价值体系的丰富内涵和实践要求，是社会主义核心价值体系的高度凝练和集中表达。社会主义核心价值体系的孕育、形成和发展历程，也是社会主义核心价值观的形成过程。

共产党一成立，确立共产主义奋斗目标时，实际上已经把富强、民主、文明、和谐作为自己的价值追求。因为无产阶级革命的第一步就是争得民主，然后再建立共产主义社会。共产主义社会无疑是最富强、最民主、最和谐的社会。1945 年，毛泽东提出："我们的任务不是别的，就是放手发动群众，壮大人民力量，团结全国一切可能团结的力量，在我们党领导之下，为着打败日本侵略者，建设一个光明的新中国，建设一个独立的、自由的、民主的、统一的、富强的新中国而奋斗。"新中国成立初期，《中国人民政治协商会议共同纲领》规定：中华人民共和国人民有思想、言论、集会、结社、通讯、人身、居住、迁徙、宗教信仰及示威游行的自由权；中华人民共和国境内各民族，均有平等的权利和义务；提倡爱祖国、爱人民、爱劳动、爱科学、爱护公共财物为中华人民共和国全体国民的公德。改革开放后，党的十二大提出："把我国建设成为现代化的、高度文明、高度民主的社会主义国家。"党的十三大提出，为把我国建设成为富强、民主、文明的社会主义现代化国家而奋斗。党的十六届六中全会提出了

“民主法治、公平正义、诚信友爱、充满活力、安定有序、人与自然和谐相处”社会主义和谐社会总要求。党的十七大提出：为把我国建设成为富强民主文明和谐的社会主义现代化国家而奋斗。在一系列探索的基础上，党的十八大提出，倡导富强、民主、文明、和谐，倡导自由、平等、公正、法治，倡导爱国、敬业、诚信、友善，积极培育和践行社会主义核心价值观。党的十八大以来，习近平总书记多次强调了社会主义核心价值观问题，指出：“培育和弘扬核心价值观，有效整合社会意识，是社会系统得以正常运转、社会秩序得以有效维护的重要途径，也是国家治理体系和治理能力的重要方面。”“使核心价值观的影响像空气一样无所不在、无时不有。”

社会主义核心价值观是社会主义社会最基本的行为取向和价值标准，共有三个层面：在国家层面，倡导富强、民主、文明、和谐；在社会层面，倡导自由、平等、公正、法治；在个人层面，倡导爱国、敬业、诚信、友善。这三个层面，既相互区别，又相互联系，密不可分，共同构成为培育和弘扬社会主义核心价值观的要求和内涵。

社会主义核心价值观关系社会和谐稳定，关系国家长治久安，关系国家治理体系和治理能力现代化。因此，推进国家治理体系和治理能力现代化，必须培育和弘扬社会主义核心价值观。

第一，加强社会主义核心价值观研究，准确把握社会主义核心价值观各个要素的内涵。社会主义核心价值观内涵丰富，每个要素又有多种多样的含义，再加上提出时间不长，还有许多问题需要研究。比如什么是富强？是民富国强还是国富民强？什么是公正？现阶段公正的标准是什么？社会主义核心价值观三个层面是什么关系？谁是这个价值观的核心层？核心价值观与以人为本是什么关系？等等。特别是社会主义核心价值观对国家治理体系和治理能力现代化的具体要求，社会主义核心价值观与国家治理体系如何协调配合，共同推进国家治理体系和治理能力现代化等问题，更需要探讨和研究，以便正确地培育和弘扬社会主义核心价值观，推进国家治理体系和治理能力现代化。

第二，开展社会主义核心价值观教育实践，使社会主义核心价值观入脑、入心，成为推进国家治理体系和治理能力现代化的自觉意识。发挥党委宣传部门的主渠道作用，以党员干部和在职职工为重点，把社会主义核心价值观学习教育纳入各级党委（党组）中心组学习计划，纳入职工教育，持续灌输社会主义核心价值观，使人人熟知熟记；把培育和弘扬社会主义核心价值观融入国民教育全过程，贯穿于基础教育、高等教育、职业技术教育、成人教育各领域，形成课堂教学、社会实践、校园文化多位一体的育人平台，构建大中小学有效衔接的德育课程体系和教材体系，完善学校、家庭、社会三结合的教育网络，完善实践教育教学体系，建设师德高尚、业务精湛的高素质教师队伍，推动社会主义核心价值观进教材、进课堂、进学生头脑，使青年学生牢固树立社会主义核心价值观；发挥新闻媒体、网络、文化产品、博物馆等的作用，以社会大众为对象，坚持团结稳定鼓劲、正面宣传为主，牢牢把握正确舆论导向，把社会主义核心价值观贯穿到日常形势宣传、成就宣传、主题宣传、典型宣传、热点引导和舆论监督中，体现到网络宣传、网络文化、网络服务中，提升文化产品的思想品格和艺术品位，弘扬主旋律，传播正能量，使广大群众树立社会主义核心价值观。发挥政策法律的导向作用，营造培育和弘扬社会主义核心价值观的生活情景和社会氛围，以诚信建设为重点开展道德实践活动，推进文明城市、文明村镇、文明单位、文明家庭等创建活动，开展礼节礼仪教育，开展全民阅读活动，发挥优秀传统文化怡情养志、涵育文明的重要作用，发挥重要节庆日传播社会主流价值的独特优势，运用公益广告传播社会主流价值、引领文明风尚，推动人们在为家庭谋幸福、为他人送温暖、为社会做贡献的过程中树立社会主义核心价值观。这样，我们就可以塑造具有社会主义核心价值观的国家治理主体和客体，更好地推进和创新国家治理，实现国家治理体系和治理能力现代化。

第三，把社会主义核心价值观融入社会生活，形成制度规范，促进国家治理体系和治理能力现代化。习近平总书记指出，一种价值观要真正发挥作用，必须融入社会生活，让人们在实践中感知它、领悟它。为此，我们要按照社会主义核心价值观的要求，结合实际，搞好社会主义核心价值观实践的顶层设计，并创造条件，自觉地把社会主义核心价值观落实到立法、执法、司法、普法和依法治理各个方面，融入社会主义法律制度和各项政策，形成科学有效的诉求表达机制、利益协调机制、矛盾调处机制、权益保障机制；健全各行各业规章制度，完善市民公约、乡规民约、学生守则等行为准则，建立和规范一些礼仪制度，实现社会主义核心价值观与日常行为制度规范相结合，与国家治理体系和治理能力现代化相结合，使培养和弘扬社会主义核心价值观的过程成为促进国家治理体系和治理能力现代化的过程，实现培养和弘扬社会主义核心价值观与国家治理体系和治理能力现代化双赢。

# 第八章

# 培育国家治理体系和治理能力现代化的文化基础

文化贯穿国家治理体系和治理能力现代化的始终，是国家治理体系和治理能力现代化的前提、基础、软实力和沃土。因此，习近平总书记在谈到推进国家治理体系和治理能力现代化时指出，要加强对中华优秀传统文化的挖掘和阐发，努力实现中华传统美德的创造性转化、创新性发展，把跨越时空、超越国度、富有永恒魅力、具有当代价值的文化精神弘扬起来。

# 文化是国家治理体系和治理能力现代化的支撑

文化是一个国家、一个民族的灵魂，文化兴国运兴，文化强民族强。党的十八大以来，习近平总书记多次强调要传承和弘扬中华优秀传统文化。习近平总书记指出："历史和现实都证明，中华民族有强大的文化创造力。每到重大历史关头，文化都能感国运之变化、立时代之潮头，发时代之先声，为亿万人民、为伟大祖国鼓与呼。"当代中国，正处在中华民族伟大复兴和世界百年未有之大变局的历史交汇点上，民族复兴既需要强大的物质力量，也需要强大的精神力量，没有中华文化繁荣兴盛，就没有中华民族伟大复兴。

党的十九大报告指出，中国特色社会主义文化，源自于中华民族五千多年文明历史所孕育的中华优秀传统文化，熔铸于党领导人民在革命、建设、改革中创造的革命文化和社会主义先进文化，植根于中国特色社会主义伟大实践。这就是中国特色社会主义文化的基本内涵。党的十九届四中全会提出："发展社会主义先进文化、广泛凝聚人民精神力量，是国家治理体系和治理能力现代化的深厚支撑。"这一判断清晰表明，发展社会主义先进文化，不仅内蕴在国家治理体系和治理能力现代化之中，更是其重要的价值基石。

第一，文化是国家治理体系和治理能力现代化的前提和基础。一般来说，社会生产关系的发展变化和要求，首先表现为人们思想观念和文化的变化，表现为政治法律思想的新变化，一旦新的政治法律思想形成，往往会在其指导下，形成新的政治法律制度。在我国，是先有马克思主义思想文化，后有社会主义性质的国家治理体系。具体来说，1917 年俄国十月革命后，马克思主义传入中国，与工人运动相结合，诞生了中国共产党，经过新民主主义革命和社会主义革命，建立社会主义的政治法律制度，形成国家治理体系。因此，文化特别是马克思主义文化，是我国国家治理体系的前提。同时，文化是国家治理能力的重要基础。国家治理能力在某种程度上是国家治理主体运用文化特别是法律法规知识治理国家的本领和水平。没有相当的文化，没有宪法、刑法等法律法规知识文化，就不可能依法治理国家，也就谈不上国家治理能力。

第二，文化是国家治理体系和治理能力现代化的软实力。国家治理体系和治理能力现代化，是国家治理的思想文化与制度规定及其运行程序的有机统一。国家治理的思想文化，尤其是关于制度、生活、组织、各阶级或各社会集团的相互关系、法的关系等的法律思想文化，一旦被人们掌握，就可以指导人们的行为，自觉地调整和规范人们的行动，增强国家治理能力。此外，文化中以爱国主义为核心的民族精神和以改革创新为核心的时代精神，“富强、民主、文明、和谐”、“自由、平等、公正、法治”和“爱国、敬业、诚信、友善”的核心价值观，更是促进国家治理体系和治理能力现代化的精神动力。

第三，文化是国家治理体系和治理能力现代化的发动机。文化是社会发展的晴雨表，社会的发展变化往往首先通过文化表现出来，其中新的政治法律思想的形成，会促使国家治理体系和国家治理能力变革，促进国家治理体系和治理能力现代化。

第四，文化是国家治理体系和治理能力现代化的沃土。文化是国家治理体系和治理能力现代化的土壤，离开了一定的文化，国家治理体系和治理能力现代化既不能产生，也难以有效地发挥作用。中华民族几千年光辉灿烂的文化，积淀着中华民族最深层的精神追求，代表着中华民族独特的精神标识，为中华民族生生不息、发展壮大提供了丰厚滋养，是国家治理体系和治理能力现代化取之不尽的宝藏。以马克思主义为指导的中国现代文化，是国家治理体系和治理能力现代化的直接源泉，为国家治理体系和治理能力现代化提供了丰富的营养，促使其健康成长。

党的十九届四中全会审议通过的《中共中央关于坚持和完善中国特色社会主义制度、推进国家治理体系和治理能力现代化若干重大问题的决定》总结了我国国家制度和国家治理体系具有多方面的显著优势，其中“坚持共同的理想信念、价值理念、道德观念，弘扬中华优秀传统文化、革命文化、社会主义先进文化，促进全体人民在思想上精神上紧紧团结在一起的显著优势”，为我们坚持和完善繁荣发展社会主义先进文化的制度，巩固全体人民团结奋斗的共同思想基础，在历史进步中实现文化繁荣兴盛，提供了根本遵循。

因此，推进国家治理体系和治理能力现代化，必须坚持社会主义先进文化前进方向，深化文化体制改革，走中国特色社会主义文化发展道路，继承中华民族优秀文化传统，继承中华民族优秀传统美德，弘扬具有当代价值的文化精神，传播当代中国文化创新成果，增强国家文化软实力。

# 创造性转化、创新性发展中华传统美德

中华传统美德就是指在中华民族历史上存在过的、在今天仍有强大生命力的优秀道德规范、行为等的总和。中华文明源远流长，孕育了中华民族的宝贵精神品格，培育了中国人民的崇高价值追求。中华传统美德是中华文化精髓，是道德建设的不竭源泉。中华传统美德在长期的发展过程中，形成了以爱国主义为核心的民族精神，铸就了勤劳勇敢、自强不息的思想和观念，成为中华民族生生不息、发展壮大的坚实精神支撑和强大道德力量。对于中华优秀传统文化，习近平总书记概括为“讲仁爱、重民本、守诚信、崇正义、尚和合、求大同”六方面内容，这六个方面是中华传统美德的集中体现。

“中华优秀传统文化中很多思想理念和道德规范，不论过去还是现在，都有其永不褪色的价值。”作为传统文化传承载体的文化经典、历史遗存和文物古迹都蕴含着丰富的中华传统美德。我们要激活中华优秀传统文化的生命力，在礼敬、保护文化经典、历史遗存的前提下充分运用其文化资源，去粗取精，推陈出新，进一步挖掘和揭示传统文化蕴含的传统道德价值，努力实现对中华传统美德在继承中创造性转化，在实践中创新性发展，为培育和践行社会主义核心价值观提供不断的丰富滋养。

道德具有评价、激励、凝聚、调节等功能。中华民族传统美德，有助于国家治理主体形成优良的道德观，自觉地优化治理行为，提升治理能力；有助于国家治理客体即广大人民群众，自觉地调整自身的行为，实现与国家治理的同向前进，减少国家治理的阻力，提升国家治理效率；有助于提升广大人民群众的素质，增强当家作主的能力，用科学的道德观评判国家治理主体的行为，监督其进行正确的国家治理；有助于整个社会追求高尚的道德理想，讲道德、尊道德、守道德，实现依法治国与以德治国相互配合、相互补充，共同推动国家的发展和进步。因此，习近平总书记指出，要加强对中华优秀传统文化的挖掘和阐发，努力实现中华传统美德的创造性转化、创新性发展。

第一，要深入挖掘。习近平总书记指出，不忘历史才能开辟未来，善于继承才能善于创新。在中华民族漫长的历史进程中，有大量的文化典籍，如《道德经》《南华真经》《周易》《尚书》《诗经》《周礼》《仪礼》《春秋左传》《春秋公羊传》《春秋谷梁传》《论语》《孝经》《尔雅》《孙子》《孟子》《管子》《墨子》《太平经》《史记》《汉书》《颜子家训》《朱子家训》《贞观政要》《资治通鉴》《四库全书》等，卷帙浩繁，数不胜数，蕴含着丰富的思想道德资源。这些丰富的道德资源，是我们在世界文化激荡中站稳脚跟的根基，也是推进国家治理体系和治理能力现代化的重要基础，必须认真学习，不断挖掘。

第二，要突出重点。面对丰富的中华传统美德的典籍，以及艰巨的全面建成小康社会和中华民族伟大复兴任务，转化发展中华传统美德，必须突出重点。从推进国家治理体系和治理能力现代化的角度来说，我们应重点挖掘以下传统美德：

一是讲仁爱。从抽象意义上讲，仁爱是国家治理体系和治理能力现代化的重要内容。“仁，亲也”；“爱，惠也”。仁爱是儒家思想的核心理念。樊迟问仁，孔子说：“爱人。”孟子提出：“亲亲而仁民，仁民而爱物。”墨家主张兼爱，“视人之国若视其国，视人之家若视其家，视人之身若视其身”，“天下之人皆相爱，强不执弱，众不劫寡，富不侮贫，贵不傲贱，诈不欺愚”。韩愈提出：“博爱之谓仁。”张载提出：“民，吾同胞；物，吾与也。”朱熹认为，仁是心之德，爱之理。今天，人民是国家的主人，是社会的主人。挖掘仁爱思想道德，重在使国家治理主体树立治理为民的思想道德，以爱民要求改革和完善国家治理体系，以爱民之心提高治理能力，进而不断提升国家治理体系和治理能力现代化。

二是重民本。从抽象意义上讲，民本是国家治理体系和治理能力现代化的重要理念。这种思想萌芽于夏、商、西周，形成于春秋战国。其要义是以人民为本。《左传》曰：“国将兴，听于民；国将亡，听于神。”《尚书》讲：“欲至于万年惟王，子子孙孙永保民”，“民惟邦本，本固邦宁”。孟子说：“民为贵，社稷次之，君为轻”，“乐民之乐者，民亦乐其乐；忧民之忧者，民亦忧其忧。乐以天下，忧以天下，然而不王者，未之有也”。唐太宗说：“凡事皆须务本，国以人为本，人以衣食为本，凡营衣食，以不失其时为本。”出现了姚崇灭蝗惠民、郭子仪心系普通百姓、范仲淹慷慨救民、王安石勤政爱民、宗泽爱民报国、于成龙爱民不畏艰难等为民典范。认真地梳理和学习这些论述和经验，有助于我们牢固树立治理为民的思想观念，保持国家治理的正确方向，实现国家治理体系和治理能力现代化。

三是守诚信。诚信即诚实守信，是对国家治理体系和治理能力现代化的重要要求。孔子说：“言必信，行必果，硁硁然小人哉。”“人而无信，不知其可也。”“自古皆有死，民无信不立。”孟子说：“诚者，天之道也；思诚者，人之道也。”荀子说：“君子养心莫善于诚。”韩非子说：“巧诈不如拙诚。”程颢、程颐说：“进学不诚则学杂，处事不诚则事败，自谋不诚则欺心而弃己，与人不诚则丧德而增怨。”出现了孔子不懂不装懂、解阳讲信义智传君命、程婴舍子救孤儿、燕昭王以信招才、魏文侯不负山野人之约、商鞅立木变法、韩信报恩等诚信典范。学习这些论述和典范，有助于解决我们存在的诚信缺失问题，做到以诚治理、治理以诚，促进国家治理体系和治理能力现代化。

四是崇正义。从抽象意义上讲，正义是国家治理体系和治理能力现代化的重要追求。《礼记·中庸》说："义者，宜也。"《释名·释典艺》说："仗正道，曰义。"正与义密不可分，合称为正义，意味着公道正直、正确合理。墨子说："万事莫贵于义。"韩愈说："疾恶如仇雠，见善若饥渴。"柳宗元说："立身一败，万事瓦裂。"王安石说："修身絜行，言必由绳墨。"欧阳修说："宁以义死，不苟幸生，而视死如归。"产生了荆轲秉义刺秦王、豫让义酬知遇不惜自残、鸿门宴樊哙救沛公、司马迁护友遭宫刑、魏胜高举义旗杀敌抗金、于谦秉义固守京城等正义之歌。挖掘这些资源，塑造国家治理主体，有助于维护国家治理的形象，促进国家治理体系和治理能力现代化。

五是尚和合。从抽象意义上讲，和合是国家治理体系和治理能力现代化的目的条件。简单来说，"和"即和谐，"合"即合作，"和合"意味着和谐相处，合作发展。《尚书·洪范》讲："无偏无陂（颇），遵王之义……无偏无党，王道荡荡；无党无偏，王道平平；无反无侧，王道正直；会其有极，归其有极。"周太史史伯说："夫和实生物，同则不继。以他平他谓之和，故能丰长而物归之。若以同裨同，尽乃弃矣。故先王以土与金木水火杂，以成百物。"老子提出："人法地，地法天，天法道，道法自然。"孔子提出："君子和而不同，小人同而不和。"孟子提出："天时不如地利，地利不如人和。"《中庸》讲："喜怒哀乐之未发，谓之中；发而皆中节，谓之和。中也者，天下之大本也；和也者，天下之达道也。致中和，天地位焉，万物育焉。"庄子提出："与人和者，谓之人乐；与天和者，谓之天乐。"《国语·郑语》讲："商契能和合五教，以保于百姓者也。"《管子》讲："畜之以道，养之以德。畜之以道，则民和；养之以德，则民合。和合故能习，习故能偕。"这些和合思想观念，是国家治理体系和治理能力现代化的调节器和润滑剂，也是国家治理体系和治理能力现代化的重要目的。批判地学习、借鉴这些思想观念，有助于我们在和谐稳定中推进国家治理体系和治理能力现代化。

六是求大同。从抽象意义上讲，大同是推进国家治理体系和治理能力现代化的目标元素。大同是中华民族的传统理想。孔子说："大道之行也，天下为公，选贤与能，讲信修睦。故人不独亲其亲，不独子其子，使老有所终，壮有所用，幼有所长，矜、寡、孤、独、废疾者皆有所养；男有分，女有归。货恶其弃于地也，不必藏于己；力恶其不出于身也，不必为己。是故谋闭而不兴，盗窃乱贼而不作，故外户而不闭，是谓大同。"《太平经》提出，人人互爱互助，智者、强者、壮者都包养愚者、弱者、老者。一切智欺愚、强凌弱、壮欺老的行为都是大逆不道的。康有为提出，在太平之世，人人平等，人人和睦相处，过着平等而富裕的美好生活。批判地学习这些思想观念，也有助于我们推进国家治理体系和治理能力现代化。

第三，要不断创新。道德是社会经济、政治等的反映，具有历史性。中华传统道德主要是奴隶社会、封建社会经济社会发展状况的反映，体现着奴隶主阶级、地主阶级的愿望和要求，具有历史和阶级的局限性。从今天的视角来看，既有精华即中华传统美德，也有糟粕。因此，在推进国家治理体系和治理能力现代化的过程中，对这些传统道德，不能照搬，只能批判地继承，即取其精华、弃其糟粕。正如习近平总书记所说，对历史文化特别是先人传承下来的价值理念和道德规范，要坚持古为今用、推陈出新，有鉴别地加以对待，有扬弃地予以继承，努力用中华民族创造的一切精神财富来以文化人、以文育人。同时，中华传统道德的生命力在于与当今的实践相结合，在于不断创新发展。为此，要坚持社会主义道德发展方向，把中华民族传统美德与中国特色社会主义的丰富道德实践结合起来，吸取人民群众创造的新鲜经验，丰富中华民族传统美德的内容，实现中华民族传统美德与时俱进。

# 弘扬具有当代价值的文化精神

博大精深的中华优秀传统文化是我们在世界文化激荡中站稳脚跟的根基，是实现中华民族伟大复兴的中国梦的力量之魂，是国家治理体系和治理能力现代化的支撑。推进国家治理体系和治理能力现代化，必须弘扬具有当代价值的文化精神。

第一，加强研究。文化精神的内涵十分丰富，如邵汉明把中国文化的基本精神概括为：人本精神、和谐意识、道德意识、理想主义、实践品格、宽容品格和整体思维。从学派来看，道家文化的基本精神是因性意识、无为意识、超越意识、批判意识；儒家文化的基本精神是和谐意识、人本意识、忧患意识、力行意识、道德意识；墨家文化的基本精神是救世意识与尚同精神、非命意识与自强精神、功利意识与尚用精神、创新意识与科学精神；法家文化的基本精神是以法治国的精神、勇于变革的精神、严于吏治的精神、注重经济的精神；兵家文化的基本精神是理性态度、实力原则、谋略意识、道胜精神；道教文化的基本精神是天人一体互相感应、万物有神“承负”自解、任物自然长生久视；佛教文化的基本精神是中道方法、圆融境界、自立精神、慈悲情怀；现代新儒学的基本精神是民族意识、文化本位、辨析融通、内圣外王。与西方文化相比，中国文化精神更强调自然意识、民本意识、忧患意识、天下主义。从具体的领域来说，又多种多样，如王岳川把中国书法艺术的精神归纳为：线条飞动、笔墨意象、无言独化、目击道存。在我国多种多样的文化精神中，哪些是跨越时空的文化精神？哪些是超越国度的文化精神？

哪些是富有永恒魅力的文化精神？哪些是具有当代价值的文化精神？需要深入研究，以把握具有当代价值的文化精神的内涵，奠定弘扬的认识基础。

第二，坚持方向。具有当代价值的文化精神是服务于中国特色社会主义事业的文化精神。因此，弘扬具有当代价值的文化精神，必须坚持社会主义先进文化的前进方向，坚持马克思主义的指导地位，坚持社会主义核心价值体系和核心价值观，坚持为人民服务、为社会主义服务，坚持百花齐放、百家争鸣的方针，走中国特色社会主义文化发展道路，建设社会主义文化强国，建设面向现代化、面向世界、面向未来的、民族的、科学的、大众的社会主义文化。

第三，突出重点。文化精神很多，有的也很重要，如天人合一、包容精神等，但核心还是以爱国主义为核心的团结统一、爱好和平、勤劳勇敢、自强不息的伟大民族精神。天下兴亡，匹夫有责。“人生自古谁无死，留取丹心照汗青”的文天祥，“开辟荆榛千秋功业，驱逐荷虏一代英雄”的郑成功，无不是这种精神的彰显者。这种精神跨越时空、超越国度、富有永恒魅力、具有当代价值，始终是中华民族生存发展的不竭动力，我们必须重点抓住。抓住了这种精神，就可以以点带面，促使对文化精神的正确把握。此外，我们还应该重点抓住文化精神中的法律精神，如法律面前人人平等的精神，这是推进国家治理体系和治理能力现代化的内在要求。

第四，创新形式。形式是文化精神的载体，形式好可以促进文化精神的弘扬，形式不好就会阻碍文化精神的传播。如由何建明任丛书编委会主任的《中国历史文化名人传》，为杰出文化人士树碑立传，以文学的形式反映民族精神，取得了传承中华民族文化精神的效果。可采取经典诵读、道德论坛、文化讲堂，在民间民俗活动、国民教育中增加优秀传统文化内容，实施中华文化传承工程，推出一大批弘扬爱国主义、集体主义、社会主义思想和当代中国价值观念的精品力作等形式，传播优秀文化精神，引导人们树立和坚持正确的历史观、民族观、国家观、文化观，增强做中国人的骨气和底气。

第五，突出特色。具有当代价值的文化精神，是满足于当代中国人民需要的文化精神，这种时空因素使具有当代价值的文化精神有了自身的特色。从实际来看，我国文化精神有自身的特色，如张岂之认为，中国古代思想文化的最高命题是“天人之学”，与西方哲学的思维与存在的关系不同，因此文化精神也不同。各地文化精神也有自己的特色，如陕西先后有西周、秦、西汉、前赵、前秦、后秦、西魏、北周、大夏、隋、唐等十余个政权建都，是我国历史上建都朝代最多、时间最长的省份，文化遗产多，历史文化名人多，有世界上最早的植物纤维纸、最早的“高速路”、保存最完整规模最大的古城墙、陪葬墓最多的帝王陵，有周公、吴起、蒙恬、司马迁、班超、班固、李靖、郭子仪、韩世忠、杜牧、于右任等历史文化名人。这些特点以及体现出来的文化精神，是其生命力之所在。把握这些特点，发挥这些优势，就能取得更好的弘扬效果。

中华文化积淀着中华民族最深沉的精神追求，包含着中华民族最根本的精神基因，代表着中华民族的独特精神标识，是中华民族生生不息、发展壮大的丰厚滋养。中华文化独一无二的理念、智慧、气度、神韵，增添了中国人民和中华民族内心深处的自信和自豪。中华民族的优秀传统文化，是中国智慧、中国方案的深厚基石。优秀传统文化中蕴含着生生不息的当代价值。习近平总书记提出：“要加强对中华优秀文化的挖掘和阐发，使中华民族最基本的文化基因与当代文化相适应、与现代社会相协调，把跨越时空、超越国界、富有永恒魅力、具有当代价值的文化精神弘扬起来。要推动中华文明创造性转化、创新性发展，激活其生命力，让中华文明同各国人民创造的多彩文明一道，为人类提供正确精神指引。”这为我们认识传统文化的当代价值提供了理论指南。对于中华传统文化，我们一方面要善于继承和弘扬其精华，另一方面要挖掘和阐发其当代文化价值，推动社会主义文化繁荣兴盛。

# 传播当代中国文化创新成果

文化具有世界性。中华文化中的佛教文化来自于印度，伊斯兰文化来自于阿拉伯地区，而伊斯兰文化本身也是融汇东西古典文化的产物，马克思主义，其故乡在德国，批判地吸收了德国古典哲学、英国古典政治经济学、英法两国科学社会主义甚至人类社会创造的文明成果。

各国文化各有优势，加强对外文化交流合作，传播当代中国文化创新成果，一方面可以传播中华文明，增强国家的软实力，参与全球治理，推进世界政治经济格局调整，促进世界和平和共同发展，推动构建人类命运共同体。另一方面，可以吸收其他国家的优秀文化，丰富和创新中国文化，更新思想观念，改革创新国家治理体系，提高国家治理能力，促进国家治理体系和治理能力现代化。

中华文化具有包容性，各地区、各民族文化交流、吸收、共处，吸纳、融会域外文明，儒、佛、道和谐共存，这是其能够对外传播的内在因素。事实上，我们一直在进行着对外文化交流传播，通过丝绸之路、陶瓷之路，同印度、伊朗、日本、越南、缅甸、柬埔寨、泰国、印度尼西亚等国文化交流的历史久远。新中国成立后，我们靠文化交流增进了各国人民之间的了解，树立了中国良好的国际形象，加强了同亚非拉国家之间的团结，打开了中美两国友好往来的大门。改革开放后，依靠文化交流传播，向世界传播了中国的改革，传播了和谐世界、人类命运共同体等理念，增强了中国文化的吸引力，也促进了国内文化的发展。据相关数据显示，到 2018

年 12 月，我国已在 154 个国家和地区建立了 548 所孔子学院和 1193 个中小学孔子课堂，学员总数达 187 万人。这充分显示了中华文化的魅力。当前，传播当代中国文化创新成果应从以下几个方面作出努力。

第一，推进国家治理体系和治理能力现代化，建设社会主义现代化国家。这是传播当代中国文化创新成果的国力基础。文化是经济政治的反映、国力的反映。国家强，文化的感召力强，文化的传播能力强。经过改革开放，我国经济总量跃升到世界第二位，社会生产力、经济实力、科技实力迈上一个大台阶，人民生活水平、居民收入水平、社会保障水平迈上一个大台阶，综合国力、国际竞争力、国际影响力迈上一个大台阶。从文化建设来看，社会主义核心价值体系建设深入开展，文化体制改革全面推进，公共文化服务体系建设取得重大进展，文化产业快速发展，文化创作生产更加繁荣，人民精神文化生活更加丰富多彩。我们应继续沿着中国特色社会主义道路，以完善和发展中国特色社会主义制度、推进国家治理体系和治理能力现代化为总目标，全面推进经济体制、政治体制、文化体制、社会体制、生态文明体制和党的建设制度改革，加强和改进国家治理体系，提高治理能力，为全面建成小康社会、建成富强民主文明和谐美丽的社会主义现代化强国和实现中华民族伟大复兴的中国梦不懈奋斗，奠定传播当代中国文化创新成果的坚实基础。

第二，大胆创新，提升传播当代中国文化创新成果的能力。这是传播当代中国文化创新成果的关键。视野不宽，创新不够，精品不多，渠道不宽，是影响文化传播的重要原因。应站位全球，把握趋势，立足丰富的历史文化资源，依靠人民的智慧，遵循文化发展规律，深化我国文化发展走出去等问题的研究，改进文艺评奖和文艺评论，创新戏剧（戏曲）、音乐、舞蹈、杂技、曲艺、美术等艺术形式，实施“国家舞台艺术精品工程”“国家重点京剧院团保护与扶持规划”“国家美术收藏和捐赠奖励工程”“国家重大现实题材美术创作工程”等精品战略，创作更多的工艺、电影、舞蹈、娱乐等文化精品。强化文化在国家对外工作大局中的独特作用，树立“文化中国”新形象，探索中华文化走出去的新方式、新办法，鼓励以民间和商业的方式走出去，建立健全政府对外文化贸易工作框架，建设海外中国文化中心，构建中华文化海外展示和体验综合平台，奠定传播当代中国文化创新成果的基础。

第三，深化文化体制改革，推进文化治理体系和治理能力现代化。这是传播当代中国文化创新成果的动力。改革开放以来，我们对文化体制进行了改革，解放和发展了文化生产力。特别是党的十八大以来，我们做文化民生领域的“加法”，增加文化供给，提高文化服务效能，提高了文化在经济社会发展中的地位和作用，增强了中华文化国际影响力，在满足不同阶层、不同地域人民群众的精神文化需求方面迈出了重要步伐。但是，目前文化领域仍然存在着一系列矛盾和问题：一些地方和单位对文化建设重视不够，一些领域道德失范、诚信缺失，一些社会成员人生观、价值观扭曲，舆论引导能力不高，网络建设和管理亟待加强和改进，有影响的精品力作不多，文化人才队伍还不强，有的单位转企但没有转变对行政部门、行政资源的依赖心理，文化市场多头执法、多头管理现象依然存在，束缚文化生产力发展的体制机制问题尚未根本解决，等等。解决上述问题的根本出路，是深化文化体制改革。

一是搞好文化体制改革顶层设计，增强文化体制改革的科学性。认真总结改革开放以来在文化体制改革领域依靠摸着石头过河取得的好经验，坚持马克思列宁主义、毛泽东思想和中国特色社会主义理论体系特别是习近平新时代中国特色社会主义思想的指导地位，准确把握我国经济社会发展新要求，准确把握当今时代和世界文化发展新趋势，准确把握各族人民精神文化生活新期待，从实际出发，制订文化体制改革的系统方案，为文化领域的改革提供系统指导。

二是改革文化管理体制，提高文化治理能力。加快转变政府职能，强化政策调节、市场监管、社会管理、公共服务职能；推动政企分开、政事分开，理顺政府和文化企事业单位关系；完善管人管事管资产管导向相结合的国有文化资产管理体制。健全文化市场综合行政执法机构，制定和完善公共文化服务保障、文化产业振兴、文化市场管理等方面法律法规，落实谁主管谁负责和属地管理原则，综合运用法律、行政、经济、科技等手段提高治理效能。完善文化市场管理，扫除毒害人们心灵的腐朽文化垃圾，营造确保国家文化安全的市场秩序。积极参与全球文化治理，提升文化走出去的本领。

三是完善政策保障机制，增强文化发展的支持力。科学的文化政策，是文化发展的有力支撑。应深化财政体制改革，扩大公共财政覆盖范围，保证公共财政对文化建设投入的增长幅度高于财政经常性收入增长幅度，加大财政、税收、金融、用地等方面对文化产业的政策扶持力度。落实和完善文化经济政策，设立国家文化发展基金，扩大有关文化基金和专项资金规模。统筹城乡、国内与国外文化发展，制定促进农村文化发展、促进文化传播的科学政策，促进农村文化发展，促进国际文化交流。

四是扩大开放，建立国内外联通的文化市场体系。文化市场体系是文化产品和要素在国内外合理流动的物质基础。现在的主要问题是：公共文化服务体系不健全，城乡、区域文化发展不平衡；文化产业规模不大、结构不合理；文化走出去较弱，中华文化国际影响力需要增强。应深化国有文化单位改革，以建立现代企业制度为重点，加快推进经营性文化单位改革，培育文化市场主体，推动企业走出去。发展图书报刊、电子音像制品、演出娱乐、影视剧等产品市场，发展连锁经营、物流配送、电子商务等现代流通组织和流通形式，拓展文化传播渠道。加快培育产权、版权、技术、信息等要素市场，加强行业组织建设，健全中介机构，构建国内外联通、贯通城乡、大城市为中心、中小城市相配套的文化产品流通网络，构建统一开放竞争有序的现代文化市场体系，奠定传播当代中国文化创新成果的物质基础。

# 附　录

# 中共中央关于坚持和完善中国特色社会主义制度推进国家治理体系和治理能力现代化若干重大问题的决定

（2019 年 10 月 31 日中国共产党第十九届中央委员会第四次全体会议通过）

为贯彻落实党的十九大精神，十九届中央委员会第四次全体会议着重研究了坚持和完善中国特色社会主义制度、推进国家治理体系和治理能力现代化的若干重大问题，作出如下决定。

**一、坚持和完善中国特色社会主义制度、推进国家治理体系和治理能力现代化的重大意义和总体要求**

中国特色社会主义制度是党和人民在长期实践探索中形成的科学制度体系，我国国家治理一切工作和活动都依照中国特色社会主义制度展开，我国国家治理体系和治理能力是中国特色社会主义制度及其执行能力的集中体现。

中国共产党自成立以来，团结带领人民，坚持把马克思主义基本原理同中国具体实际相结合，赢得了中国革命胜利，并深刻总结国内外正反两方面经验，不断探索实践，不断改革创新，建立和完善社会主义制度，形成和发展党的领导和经济、政治、文化、社会、生态文明、军事、外事等各方面制度，加强和完善国家治理，取得历史性成就。党的十八大以来，我们党领导人民统筹推进“五位一体”总体布局、协调推进“四个全面”

战略布局，推动中国特色社会主义制度更加完善、国家治理体系和治理能力现代化水平明显提高，为政治稳定、经济发展、文化繁荣、民族团结、人民幸福、社会安宁、国家统一提供了有力保障。

新中国成立七十年来，我们党领导人民创造了世所罕见的经济快速发展奇迹和社会长期稳定奇迹，中华民族迎来了从站起来、富起来到强起来的伟大飞跃。实践证明，中国特色社会主义制度和国家治理体系是以马克思主义为指导、植根中国大地、具有深厚中华文化根基、深得人民拥护的制度和治理体系，是具有强大生命力和巨大优越性的制度和治理体系，是能够持续推动拥有近十四亿人口大国进步和发展、确保拥有五千多年文明史的中华民族实现“两个一百年”奋斗目标进而实现伟大复兴的制度和治理体系。

我国国家制度和国家治理体系具有多方面的显著优势，主要是：坚持党的集中统一领导，坚持党的科学理论，保持政治稳定，确保国家始终沿着社会主义方向前进的显著优势；坚持人民当家作主，发展人民民主，密切联系群众，紧紧依靠人民推动国家发展的显著优势；坚持全面依法治国，建设社会主义法治国家，切实保障社会公平正义和人民权利的显著优势；坚持全国一盘棋，调动各方面积极性，集中力量办大事的显著优势；坚持各民族一律平等，铸牢中华民族共同体意识，实现共同团结奋斗、共同繁荣发展的显著优势；坚持公有制为主体、多种所有制经济共同发展和按劳分配为主体、多种分配方式并存，把社会主义制度和市场经济有机结合起来，不断解放和发展社会生产力的显著优势；坚持共同的理想信念、价值理念、道德观念，弘扬中华优秀传统文化、革命文化、社会主义先进文化，促进全体人民在思想上精神上紧紧团结在一起的显著优势；坚持以人民为中心的发展思想，不断保障和改善民生、增进人民福祉，走共同富裕道路的显著优势；坚持改革创新、与时俱进，善于自我完善、自我发展，使社会始终充满生机活力的显著优势；坚持德才兼备、选贤任能，聚天下英才而用之，培养造就更多更优秀人才的显著优势；坚持党指挥枪，确保人民军队绝对忠诚于党和人民，有力保障国家主权、安全、发展利益的显著优势；坚持“一国两制”，保持香港、澳门长期繁荣稳定，促进祖国和平统一的显著优势；坚持独立自主和对外开放相统一，积极参与全球治理，为构建人类命运共同体不断作出贡献的显著优势。这些显著优势，是我们坚定中国特色社会主义道路自信、理论自信、制度自信、文化自信的基本依据。

当今世界正经历百年未有之大变局，我国正处于实现中华民族伟大复兴关键时期。顺应时代潮流，适应我国社会主要矛盾变化，统揽伟大斗争、伟大工程、伟大事业、伟大梦想，不断满足人民对美好生活新期待，战胜前进道路上的各种风险挑战，必须在坚持和完善中国特色社会主义制度、推进国家治理体系和治理能力现代化上下更大功夫。

必须坚持以马克思列宁主义、毛泽东思想、邓小平理论、“三个代表”重要思想、科学发展观、习近平新时代中国特色社会主义思想为指导，增强“四个意识”，坚定“四个自信”，做到“两个维护”，坚持党的领导、人民当家作主、依法治国有机统一，坚持解放思想、实事求是，坚持改革创新，突出坚持和完善支撑中国特色社会主义制度的根本制度、基本制度、重要制度，着力固根基、扬优势、补短板、强弱项，构建系统完备、科学规范、运行有效的制度体系，加强系统治理、依法治理、综合治理、源头治理，把我国制度优势更好转化为国家治理效能，为实现“两个一百年”奋斗目标、实现中华民族伟大复兴的中国梦提供有力保证。

坚持和完善中国特色社会主义制度、推进国家治理体系和治理能力现代化的总体目标是，到我们党成立一百年时，在各方面制度更加成熟更加定型上取得明显成效；到二〇三五年，各方面制度更加完善，基本实现国家治理体系和治理能力现代化；到新中国成立一百年时，全面实现国家治理体系和治理能力现代化，使中国特色社会主义制度更加巩固、优越性充分展现。

**二、坚持和完善党的领导制度体系，提高党科学执政、民主执政、依法执政水平**

中国共产党领导是中国特色社会主义最本质的特征，是中国特色社会主义制度的最大优势，党是最高政治领导力量。必须坚持党政军民学、东西南北中，党是领导一切的，坚决维护党中央权威，健全总揽全局、协调各方的党的领导制度体系，把党的领导落实到国家治理各领域各方面各环节。

（一）建立不忘初心、牢记使命的制度。确保全党遵守党章，恪守党的性质和宗旨，坚持用共产主义远大理想和中国特色社会主义共同理想凝聚全党、团结人民，用习近平新时代中国特色社会主义思想武装全党、教育人民、指导工作，夯实党执政的思想基础。把不忘初心、牢记使命作为加强党的建设的永恒课题和全体党员、干部的终身课题，形成长效机制，坚持不懈锤炼党员、干部忠诚干净担当的政治品格。全面贯彻党的基本理论、基本路线、基本方略，持续推进党的理论创新、实践创新、制度创新，使一切工作顺应时代潮流、符合发展规律、体现人民愿望，确保党始终走在时代前列、得到人民衷心拥护。

（二）完善坚定维护党中央权威和集中统一领导的各项制度。推动全党增强“四个意识”、坚定“四个自信”、做到“两个维护”，自觉在思想上政治上行动上同以习近平同志为核心的党中央保持高度一致，坚决把维护习近平总书记党中央的核心、全党的核心地位落到实处。健全党中央对重大工作的领导体制，强化党中央决策议事协调机构职能作用，完善推动党中央重大决策落实机制，严格执行向党中央请示报告制度，确保令行禁止。健全维护党的集中统一的组织制度，形成党的中央组织、地方组织、基层组织上下贯通、执行有力的严密体系，实现党的组织和党的工作全覆盖。

（三）健全党的全面领导制度。完善党领导人大、政府、政协、监察机关、审判机关、检察机关、武装力量、人民团体、企事业单位、基层群众自治组织、社会组织等制度，健全各级党委（党组）工作制度，确保党在各种组织中发挥领导作用。完善党领导各项事业的具体制度，把党的领导落实到统筹推进“五位一体”总体布局、协调推进“四个全面”战略布局各方面。完善党和国家机构职能体系，把党的领导贯彻到党和国家所有机构履行职责全过程，推动各方面协调行动、增强合力。

（四）健全为人民执政、靠人民执政各项制度。坚持立党为公、执政为民，保持党同人民群众的血肉联系，把尊重民意、汇集民智、凝聚民力、改善民生贯穿党治国理政全部工作之中，巩固党执政的阶级基础，厚植党执政的群众基础，通过完善制度保证人民在国家治理中的主体地位，着力防范脱离群众的危险。贯彻党的群众路线，完善党员、干部联系群众制度，创新互联网时代群众工作机制，始终做到为了群众、相信群众、依靠群众、引领群众，深入群众、深入基层。健全联系广泛、服务群众的群团工作体系，推动人民团体增强政治性、先进性、群众性，把各自联系的群众紧紧团结在党的周围。

（五）健全提高党的执政能力和领导水平制度。坚持民主集中制，完善发展党内民主和实行正确集中的相关制度，提高党把方向、谋大局、定政策、促改革的能力。健全决策机制，加强重大决策的调查研究、科学论证、风险评估，强化决策执行、评估、监督。改进党的领导方式和执政方式，增强各级党组织政治功能和组织力。完善担当作为的激励机制，促进各级领导干部增强学习本领、政治领导本领、改革创新本领、科学发展本领、依法执政本领、群众工作本领、狠抓落实本领、驾驭风险本领，发扬斗争精神，增强斗争本领。

（六）完善全面从严治党制度。坚持党要管党、全面从严治党，增强忧患意识，不断推进党的自我革命，永葆党的先进性和纯洁性。贯彻新时代党的建设总要求，深化党的建设制度改革，坚持依规治党，建立健全以党的政治建设为统领，全面推进党的各方面建设的体制机制。坚持新时代党的组织路线，健全党管干部、选贤任能制度。规范党内政治生活，严明政治纪律和政治规矩，发展积极健康的党内政治文化，全面净化党内政治生态。完善和落实全面从严治党责任制度。坚决同一切影响党的先进性、弱化党的纯洁性的问题作斗争，大力纠治形式主义、官僚主义，不断增强党的创造力、凝聚力、战斗力，确保党始终成为中国特色社会主义事业的坚强领导核心。

### 三、坚持和完善人民当家作主制度体系，发展社会主义民主政治

我国是工人阶级领导的、以工农联盟为基础的人民民主专政的社会主义国家，国家的一切权力属于人民。必须坚持人民主体地位，坚定不移走中国特色社会主义政治发展道路，健全民主制度，丰富民主形式，拓宽民主渠道，依法实行民主选举、民主协商、民主决策、民主管理、民主监督，使各方面制度和国家治理更好体现人民意志、保障人民权益、激发人民创造，确保人民依法通过各种途径和形式管理国家事务，管理经济文化事业，管理社会事务。

（一）坚持和完善人民代表大会制度这一根本政治制度。人民行使国家权力的机关是全国人民代表大会和地方各级人民代表大会。支持和保证人民通过人民代表大会行使国家权力，保证各级人大都由民主选举产生、对人民负责、受人民监督，保证各级国家机关都由人大产生、对人大负责、受人大监督。支持和保证人大及其常委会依法行使职权，健全人大对“一府一委两院”监督制度。密切人大代表同人民群众的联系，健全代表联络机制，更好发挥人大代表作用。健全人大组织制度、选举制度和议事规则，完善论证、评估、评议、听证制度。适当增加基层人大代表数量。加强地方人大及其常委会建设。

（二）坚持和完善中国共产党领导的多党合作和政治协商制度。贯彻长期共存、互相监督、肝胆相照、荣辱与共的方针，加强中国特色社会主义政党制度建设，健全相互监督特别是中国共产党自觉接受监督、对重大决策部署贯彻落实情况实施专项监督等机制，完善民主党派中央直接向中共中央提出建议制度，完善支持民主党派和无党派人士履行职能方法，展现我国新型政党制度优势。发挥人民政协作为政治组织和民主形式的效能，提高政治协商、民主监督、参政议政水平，更好凝聚共识。完善人民政协专门协商机构制度，丰富协商形式，健全协商规则，优化界别设置，健全发扬民主和增进团结相互贯通、建言资政和凝聚共识双向发力的程序机制。

坚持社会主义协商民主的独特优势，统筹推进政党协商、人大协商、政府协商、政协协商、人民团体协商、基层协商以及社会组织协商，构建程序合理、环节完整的协商民主体系，完善协商于决策之前和决策实施之中的落实机制，丰富有事好商量、众人的事情由众人商量的制度化实践。

（三）巩固和发展最广泛的爱国统一战线。坚持大统战工作格局，坚持一致性和多样性统一，完善照顾同盟者利益政策，做好民族工作和宗教工作，健全党外代表人士队伍建设制度，凝聚港澳同胞、台湾同胞、海外侨胞力量，谋求最大公约数，画出最大同心圆，促进政党关系、民族关系、宗教关系、阶层关系、海内外同胞关系和谐。

（四）坚持和完善民族区域自治制度。坚定不移走中国特色解决民族问题的正确道路，坚持各民族一律平等，坚持各民族共同团结奋斗、共同繁荣发展，保证民族自治地方依法行使自治权，保障少数民族合法权益，巩固和发展平等团结互助和谐的社会主义民族关系。坚持不懈开展马克思主义祖国观、民族观、文化观、历史观宣传教育，打牢中华民族共同体思想基础。全面深入持久开展民族团结进步创建，加强各民族交往交流交融。支持和帮助民族地区加快发展，不断提高各族群众生活水平。

（五）健全充满活力的基层群众自治制度。健全基层党组织领导的基层群众自治机制，在城乡社区治理、基层公共事务和公益事业中广泛实行群众自我管理、自我服务、自我教育、自我监督，拓宽人民群众反映意见和建议的渠道，着力推进基层直接民主制度化、规范化、程序化。全心全意依靠工人阶级，健全以职工代表大会为基本形式的企事业单位民主管理制度，探索企业职工参与管理的有效方式，保障职工群众的知情权、参与权、表达权、监督权，维护职工合法权益。

## 四、坚持和完善中国特色社会主义法治体系，提高党依法治国、依法执政能力

建设中国特色社会主义法治体系、建设社会主义法治国家是坚持和发展中国特色社会主义的内在要求。必须坚定不移走中国特色社会主义法治

道路，全面推进依法治国，坚持依法治国、依法执政、依法行政共同推进，坚持法治国家、法治政府、法治社会一体建设，加快形成完备的法律规范体系、高效的法治实施体系、严密的法治监督体系、有力的法治保障体系，加快形成完善的党内法规体系，全面推进科学立法、严格执法、公正司法、全民守法，推进法治中国建设。

（一）健全保证宪法全面实施的体制机制。依法治国首先要坚持依宪治国，依法执政首先要坚持依宪执政。加强宪法实施和监督，落实宪法解释程序机制，推进合宪性审查工作，加强备案审查制度和能力建设，依法撤销和纠正违宪违法的规范性文件。坚持宪法法律至上，健全法律面前人人平等保障机制，维护国家法制统一、尊严、权威，一切违反宪法法律的行为都必须予以追究。

（二）完善立法体制机制。坚持科学立法、民主立法、依法立法，完善党委领导、人大主导、政府依托、各方参与的立法工作格局，立改废释并举，不断提高立法质量和效率。完善以宪法为核心的中国特色社会主义法律体系，加强重要领域立法，加快我国法域外适用的法律体系建设，以良法保障善治。

（三）健全社会公平正义法治保障制度。坚持法治建设为了人民、依靠人民，加强人权法治保障，保证人民依法享有广泛的权利和自由、承担应尽的义务，引导全体人民做社会主义法治的忠实崇尚者、自觉遵守者、坚定捍卫者。坚持有法必依、执法必严、违法必究，严格规范公正文明执法，规范执法自由裁量权，加大关系群众切身利益的重点领域执法力度。深化司法体制综合配套改革，完善审判制度、检察制度，全面落实司法责任制，完善律师制度，加强对司法活动的监督，确保司法公正高效权威，努力让人民群众在每一个司法案件中感受到公平正义。

（四）加强对法律实施的监督。保证行政权、监察权、审判权、检察权得到依法正确行使，保证公民、法人和其他组织合法权益得到切实保障，坚决排除对执法司法活动的干预。拓展公益诉讼案件范围。加大对严重违法行为处罚力度，实行惩罚性赔偿制度，严格刑事责任追究。加大全民普法工作力度，增强全民法治观念，完善公共法律服务体系，夯实依法治国群众基础。各级党和国家机关以及领导干部要带头尊法学法守法用法，提高运用法治思维和法治方式深化改革、推动发展、化解矛盾、维护稳定、应对风险的能力。

**五、坚持和完善中国特色社会主义行政体制，构建职责明确、依法行政的政府治理体系**

国家行政管理承担着按照党和国家决策部署推动经济社会发展、管理社会事务、服务人民群众的重大职责。必须坚持一切行政机关为人民服务、对人民负责、受人民监督，创新行政方式，提高行政效能，建设人民满意的服务型政府。

（一）完善国家行政体制。以推进国家机构职能优化协同高效为着力点，优化行政决策、行政执行、行政组织、行政监督体制。健全部门协调配合机制，防止政出多门、政策效应相互抵消。深化行政执法体制改革，最大限度减少不必要的行政执法事项。进一步整合行政执法队伍，继续探索实行跨领域跨部门综合执法，推动执法重心下移，提高行政执法能力水平。落实行政执法责任制和责任追究制度。创新行政管理和服务方式，加快推进全国一体化政务服务平台建设，健全强有力的行政执行系统，提高政府执行力和公信力。

（二）优化政府职责体系。完善政府经济调节、市场监管、社会管理、公共服务、生态环境保护等职能，实行政府权责清单制度，厘清政府和市场、政府和社会关系。深入推进简政放权、放管结合、优化服务，深化行政审批制度改革，改善营商环境，激发各类市场主体活力。健全以国家发展规划为战略导向，以财政政策和货币政策为主要手段，就业、产业、投资、消费、区域等政策协同发力的宏观调控制度体系。完善国家重大发展战略和中长期经济社会发展规划制度。完善标准科学、规范透明、约束有力的预算制度。建设现代中央银行制度，完善基础货币投放机制，健全基准利率和市场化利率体系。严格市场监管、质量监管、安全监管，加强违法惩戒。完善公共服务体系，推进基本公共服务均等化、可及性。建立健全运用互联网、大数据、人工智能等技术手段进行行政管理的制度规则。推进数字政府建设，加强数据有序共享，依法保护个人信息。

（三）优化政府组织结构。推进机构、职能、权限、程序、责任法定化，使政府机构设置更加科学、职能更加优化、权责更加协同。严格机构编制管理，统筹利用行政管理资源，节约行政成本。优化行政区划设置，提高中心城市和城市群综合承载和资源优化配置能力，实行扁平化管理，形成高效率组织体系。

（四）健全充分发挥中央和地方两个积极性体制机制。理顺中央和地方权责关系，加强中央宏观事务管理，维护国家法制统一、政令统一、市场统一。适当加强中央在知识产权保护、养老保险、跨区域生态环境保护等方面事权，减少并规范中央和地方共同事权。赋予地方更多自主权，支持地方创造性开展工作。按照权责一致原则，规范垂直管理体制和地方分级管理体制。优化政府间事权和财权划分，建立权责清晰、财力协调、区域均衡的中央和地方财政关系，形成稳定的各级政府事权、支出责任和财力相适应的制度。构建从中央到地方权责清晰、运行顺畅、充满活力的工作体系。

### 六、坚持和完善社会主义基本经济制度，推动经济高质量发展

公有制为主体、多种所有制经济共同发展，按劳分配为主体、多种分配方式并存，社会主义市场经济体制等社会主义基本经济制度，既体现了社会主义制度优越性，又同我国社会主义初级阶段社会生产力发展水平相适应，是党和人民的伟大创造。必须坚持社会主义基本经济制度，充分发挥市场在资源配置中的决定性作用，更好发挥政府作用，全面贯彻新发展理念，坚持以供给侧结构性改革为主线，加快建设现代化经济体系。

（一）毫不动摇巩固和发展公有制经济，毫不动摇鼓励、支持、引导非公有制经济发展。探索公有制多种实现形式，推进国有经济布局优化和结构调整，发展混合所有制经济，增强国有经济竞争力、创新力、控制力、

影响力、抗风险能力，做强做优做大国有资本。深化国有企业改革，完善中国特色现代企业制度。形成以管资本为主的国有资产监管体制，有效发挥国有资本投资、运营公司功能作用。健全支持民营经济、外商投资企业发展的法治环境，完善构建亲清政商关系的政策体系，健全支持中小企业发展制度，促进非公有制经济健康发展和非公有制经济人士健康成长。营造各种所有制主体依法平等使用资源要素、公开公平公正参与竞争、同等受到法律保护的市场环境。深化农村集体产权制度改革，发展农村集体经济，完善农村基本经营制度。

（二）坚持按劳分配为主体、多种分配方式并存。坚持多劳多得，着重保护劳动所得，增加劳动者特别是一线劳动者劳动报酬，提高劳动报酬在初次分配中的比重。健全劳动、资本、土地、知识、技术、管理、数据等生产要素由市场评价贡献、按贡献决定报酬的机制。健全以税收、社会保障、转移支付等为主要手段的再分配调节机制，强化税收调节，完善直接税制度并逐步提高其比重。完善相关制度和政策，合理调节城乡、区域、不同群体间分配关系。重视发挥第三次分配作用，发展慈善等社会公益事业。鼓励勤劳致富，保护合法收入，增加低收入者收入，扩大中等收入群体，调节过高收入，清理规范隐性收入，取缔非法收入。

（三）加快完善社会主义市场经济体制。建设高标准市场体系，完善公平竞争制度，全面实施市场准入负面清单制度，改革生产许可制度，健全破产制度。强化竞争政策基础地位，落实公平竞争审查制度，加强和改进反垄断和反不正当竞争执法。健全以公平为原则的产权保护制度，建立知识产权侵权惩罚性赔偿制度，加强企业商业秘密保护。推进要素市场制度建设，实现要素价格市场决定、流动自主有序、配置高效公平。强化消费者权益保护，探索建立集体诉讼制度。加强资本市场基础制度建设，健全具有高度适应性、竞争力、普惠性的现代金融体系，有效防范化解金融风险。优化经济治理基础数据库。健全推动发展先进制造业、振兴实体经济的体制机制。实施乡村振兴战略，完善农业农村优先发展和保障国家粮食安全的制度政策，健全城乡融合发展体制机制。构建区域协调发展新机制，形成主体功能明显、优势互补、高质量发展的区域经济布局。

（四）完善科技创新体制机制。弘扬科学精神和工匠精神，加快建设创新型国家，强化国家战略科技力量，健全国家实验室体系，构建社会主义市场经济条件下关键核心技术攻关新型举国体制。加大基础研究投入，健全鼓励支持基础研究、原始创新的体制机制。建立以企业为主体、市场为导向、产学研深度融合的技术创新体系，支持大中小企业和各类主体融通创新，创新促进科技成果转化机制，积极发展新动能，强化标准引领，提升产业基础能力和产业链现代化水平。完善科技人才发现、培养、激励机制，健全符合科研规律的科技管理体制和政策体系，改进科技评价体系，健全科技伦理治理体制。

（五）建设更高水平开放型经济新体制。实施更大范围、更宽领域、更深层次的全面开放，推动制造业、服务业、农业扩大开放，保护外资合法权益，促进内外资企业公平竞争，拓展对外贸易多元化，稳步推进人民币国际化。健全外商投资准入前国民待遇加负面清单管理制度，推动规则、规制、管理、标准等制度型开放。健全促进对外投资政策和服务体系。加快自由贸易试验区、自由贸易港等对外开放高地建设。推动建立国际宏观经济政策协调机制。健全外商投资国家安全审查、反垄断审查、国家技术安全清单管理、不可靠实体清单等制度。完善涉外经贸法律和规则体系。

## 七、坚持和完善繁荣发展社会主义先进文化的制度，巩固全体人民团结奋斗的共同思想基础

发展社会主义先进文化、广泛凝聚人民精神力量，是国家治理体系和治理能力现代化的深厚支撑。必须坚定文化自信，牢牢把握社会主义先进文化前进方向，围绕举旗帜、聚民心、育新人、兴文化、展形象的使命任务，坚持为人民服务、为社会主义服务，坚持百花齐放、百家争鸣，坚持创造性转化、创新性发展，激发全民族文化创造活力，更好构筑中国精神、中国价值、中国力量。

（一）坚持马克思主义在意识形态领域指导地位的根本制度。全面贯彻

落实习近平新时代中国特色社会主义思想，健全用党的创新理论武装全党、教育人民工作体系，完善党委（党组）理论学习中心组等各层级学习制度，建设和用好网络学习平台。深入实施马克思主义理论研究和建设工程，把坚持以马克思主义为指导全面落实到思想理论建设、哲学社会科学研究、教育教学各方面。加强和改进学校思想政治教育，建立全员、全程、全方位育人体制机制。落实意识形态工作责任制，注意区分政治原则问题、思想认识问题、学术观点问题，旗帜鲜明反对和抵制各种错误观点。

（二）坚持以社会主义核心价值观引领文化建设制度。推动理想信念教育常态化、制度化，弘扬民族精神和时代精神，加强党史、新中国史、改革开放史教育，加强爱国主义、集体主义、社会主义教育，实施公民道德建设工程，推进新时代文明实践中心建设。坚持依法治国和以德治国相结合，完善弘扬社会主义核心价值观的法律政策体系，把社会主义核心价值观要求融入法治建设和社会治理，体现到国民教育、精神文明创建、文化产品创作生产全过程。推进中华优秀传统文化传承发展工程。完善青少年理想信念教育齐抓共管机制。健全志愿服务体系。完善诚信建设长效机制，健全覆盖全社会的征信体系，加强失信惩戒。

（三）健全人民文化权益保障制度。坚持以人民为中心的工作导向，完善文化产品创作生产传播的引导激励机制，推出更多群众喜爱的文化精品。完善城乡公共文化服务体系，优化城乡文化资源配置，推动基层文化惠民工程扩大覆盖面、增强实效性，健全支持开展群众性文化活动机制，鼓励社会力量参与公共文化服务体系建设。

（四）完善坚持正确导向的舆论引导工作机制。坚持党管媒体原则，坚持团结稳定鼓劲、正面宣传为主，唱响主旋律、弘扬正能量。构建网上网下一体、内宣外宣联动的主流舆论格局，建立以内容建设为根本、先进技术为支撑、创新管理为保障的全媒体传播体系。改进和创新正面宣传，完善舆论监督制度，健全重大舆情和突发事件舆论引导机制。建立健全网络综合治理体系，加强和创新互联网内容建设，落实互联网企业信息管理主体责任，全面提高网络治理能力，营造清朗的网络空间。

（五）建立健全把社会效益放在首位、社会效益和经济效益相统一的文化创作生产体制机制。深化文化体制改革，加快完善遵循社会主义先进文化发展规律、体现社会主义市场经济要求、有利于激发文化创新创造活力的文化管理体制和生产经营机制。健全现代文化产业体系和市场体系，完善以高质量发展为导向的文化经济政策。完善文化企业履行社会责任制度，健全引导新型文化业态健康发展机制。完善文化和旅游融合发展体制机制。加强文艺创作引导，完善倡导讲品位讲格调讲责任、抵制低俗庸俗媚俗的工作机制。

## 八、坚持和完善统筹城乡的民生保障制度，满足人民日益增长的美好生活需要

增进人民福祉、促进人的全面发展是我们党立党为公、执政为民的本质要求。必须健全幼有所育、学有所教、劳有所得、病有所医、老有所养、住有所居、弱有所扶等方面国家基本公共服务制度体系，尽力而为，量力而行，注重加强普惠性、基础性、兜底性民生建设，保障群众基本生活。创新公共服务提供方式，鼓励支持社会力量兴办公益事业，满足人民多层次多样化需求，使改革发展成果更多更公平惠及全体人民。

（一）健全有利于更充分更高质量就业的促进机制。坚持就业是民生之本，实施就业优先政策，创造更多就业岗位。健全公共就业服务和终身职业技能培训制度，完善重点群体就业支持体系。建立促进创业带动就业、多渠道灵活就业机制，对就业困难人员实行托底帮扶。坚决防止和纠正就业歧视，营造公平就业制度环境。健全劳动关系协调机制，构建和谐劳动关系，促进广大劳动者实现体面劳动、全面发展。

（二）构建服务全民终身学习的教育体系。全面贯彻党的教育方针，坚持教育优先发展，聚焦办好人民满意的教育，完善立德树人体制机制，深化教育领域综合改革，加强师德师风建设，培养德智体美劳全面发展的社会主义建设者和接班人。推动城乡义务教育一体化发展，健全学前教育、特殊教育和普及高中阶段教育保障机制，完善职业技术教育、高等教育、

继续教育统筹协调发展机制。支持和规范民办教育、合作办学。构建覆盖城乡的家庭教育指导服务体系。发挥网络教育和人工智能优势，创新教育和学习方式，加快发展面向每个人、适合每个人、更加开放灵活的教育体系，建设学习型社会。

（三）完善覆盖全民的社会保障体系。坚持应保尽保原则，健全统筹城乡、可持续的基本养老保险制度、基本医疗保险制度，稳步提高保障水平。加快建立基本养老保险全国统筹制度。加快落实社保转移接续、异地就医结算制度，规范社保基金管理，发展商业保险。统筹完善社会救助、社会福利、慈善事业、优抚安置等制度。健全退役军人工作体系和保障制度。坚持和完善促进男女平等、妇女全面发展的制度机制。完善农村留守儿童和妇女、老年人关爱服务体系，健全残疾人帮扶制度。坚决打赢脱贫攻坚战，巩固脱贫攻坚成果，建立解决相对贫困的长效机制。加快建立多主体供给、多渠道保障、租购并举的住房制度。

（四）强化提高人民健康水平的制度保障。坚持关注生命全周期、健康全过程，完善国民健康政策，让广大人民群众享有公平可及、系统连续的健康服务。深化医药卫生体制改革，健全基本医疗卫生制度，提高公共卫生服务、医疗服务、医疗保障、药品供应保障水平。加快现代医院管理制度改革。坚持以基层为重点、预防为主、防治结合、中西医并重。加强公共卫生防疫和重大传染病防控，健全重特大疾病医疗保险和救助制度。优化生育政策，提高人口质量。积极应对人口老龄化，加快建设居家社区机构相协调、医养康养相结合的养老服务体系。聚焦增强人民体质，健全促进全民健身制度性举措。

## 九、坚持和完善共建共治共享的社会治理制度，保持社会稳定、维护国家安全

社会治理是国家治理的重要方面。必须加强和创新社会治理，完善党委领导、政府负责、民主协商、社会协同、公众参与、法治保障、科技支撑的社会治理体系，建设人人有责、人人尽责、人人享有的社会治理共同

体，确保人民安居乐业、社会安定有序，建设更高水平的平安中国。

（一）完善正确处理新形势下人民内部矛盾有效机制。坚持和发展新时代“枫桥经验”，畅通和规范群众诉求表达、利益协调、权益保障通道，完善信访制度，完善人民调解、行政调解、司法调解联动工作体系，健全社会心理服务体系和危机干预机制，完善社会矛盾纠纷多元预防调处化解综合机制，努力将矛盾化解在基层。

（二）完善社会治安防控体系。坚持专群结合、群防群治，提高社会治安立体化、法治化、专业化、智能化水平，形成问题联治、工作联动、平安联创的工作机制，提高预测预警预防各类风险能力，增强社会治安防控的整体性、协同性、精准性。

（三）健全公共安全体制机制。完善和落实安全生产责任和管理制度，建立公共安全隐患排查和安全预防控制体系。构建统一指挥、专常兼备、反应灵敏、上下联动的应急管理体制，优化国家应急管理能力体系建设，提高防灾减灾救灾能力。加强和改进食品药品安全监管制度，保障人民身体健康和生命安全。

（四）构建基层社会治理新格局。完善群众参与基层社会治理的制度化渠道。健全党组织领导的自治、法治、德治相结合的城乡基层治理体系，健全社区管理和服务机制，推行网格化管理和服务，发挥群团组织、社会组织作用，发挥行业协会商会自律功能，实现政府治理和社会调节、居民自治良性互动，夯实基层社会治理基础。加快推进市域社会治理现代化。推动社会治理和服务重心向基层下移，把更多资源下沉到基层，更好提供精准化、精细化服务。注重发挥家庭家教家风在基层社会治理中的重要作用。加强边疆治理，推进兴边富民。

（五）完善国家安全体系。坚持总体国家安全观，统筹发展和安全，坚持人民安全、政治安全、国家利益至上有机统一。以人民安全为宗旨，以政治安全为根本，以经济安全为基础，以军事、科技、文化、社会安全为保障，健全国家安全体系，增强国家安全能力。完善集中统一、高效权威的国家安全领导体制，健全国家安全法律制度体系。加强国家安全人民防线建设，增强全民国家安全意识，建立健全国家安全风险研判、防控协同、防范化解机制。提高防范抵御国家安全风险能力，高度警惕、坚决防范和严厉打击敌对势力渗透、破坏、颠覆、分裂活动。

## 十、坚持和完善生态文明制度体系，促进人与自然和谐共生

生态文明建设是关系中华民族永续发展的千年大计。必须践行绿水青山就是金山银山的理念，坚持节约资源和保护环境的基本国策，坚持节约优先、保护优先、自然恢复为主的方针，坚定走生产发展、生活富裕、生态良好的文明发展道路，建设美丽中国。

（一）实行最严格的生态环境保护制度。坚持人与自然和谐共生，坚守尊重自然、顺应自然、保护自然，健全源头预防、过程控制、损害赔偿、责任追究的生态环境保护体系。加快建立健全国土空间规划和用途统筹协调管控制度，统筹划定落实生态保护红线、永久基本农田、城镇开发边界等空间管控边界以及各类海域保护线，完善主体功能区制度。完善绿色生产和消费的法律制度和政策导向，发展绿色金融，推进市场导向的绿色技术创新，更加自觉地推动绿色循环低碳发展。构建以排污许可制为核心的固定污染源监管制度体系，完善污染防治区域联动机制和陆海统筹的生态环境治理体系。加强农业农村环境污染防治。完善生态环境保护法律体系和执法司法制度。

（二）全面建立资源高效利用制度。推进自然资源统一确权登记法治化、规范化、标准化、信息化，健全自然资源产权制度，落实资源有偿使用制度，实行资源总量管理和全面节约制度。健全资源节约集约循环利用政策体系。普遍实行垃圾分类和资源化利用制度。推进能源革命，构建清洁低碳、安全高效的能源体系。健全海洋资源开发保护制度。加快建立自然资源统一调查、评价、监测制度，健全自然资源监管体制。

（三）健全生态保护和修复制度。统筹山水林田湖草一体化保护和修复，加强森林、草原、河流、湖泊、湿地、海洋等自然生态保护。加强对重要生态系统的保护和永续利用，构建以国家公园为主体的自然保护地体系，

健全国家公园保护制度。加强长江、黄河等大江大河生态保护和系统治理。开展大规模国土绿化行动，加快水土流失和荒漠化、石漠化综合治理，保护生物多样性，筑牢生态安全屏障。除国家重大项目外，全面禁止围填海。

（四）严明生态环境保护责任制度。建立生态文明建设目标评价考核制度，强化环境保护、自然资源管控、节能减排等约束性指标管理，严格落实企业主体责任和政府监管责任。开展领导干部自然资源资产离任审计。推进生态环境保护综合行政执法，落实中央生态环境保护督察制度。健全生态环境监测和评价制度，完善生态环境公益诉讼制度，落实生态补偿和生态环境损害赔偿制度，实行生态环境损害责任终身追究制。

## 十一、坚持和完善党对人民军队的绝对领导制度，确保人民军队忠实履行新时代使命任务

人民军队是中国特色社会主义的坚强柱石，党对人民军队的绝对领导是人民军队的建军之本、强军之魂。必须牢固确立习近平强军思想在国防和军队建设中的指导地位，巩固和拓展深化国防和军队改革成果，构建中国特色社会主义军事政策制度体系，全面推进国防和军队现代化，确保实现党在新时代的强军目标，把人民军队全面建成世界一流军队，永葆人民军队的性质、宗旨、本色。

（一）坚持人民军队最高领导权和指挥权属于党中央。中央军委实行主席负责制是坚持党对人民军队绝对领导的根本实现形式。坚持全国武装力量由军委主席统一领导和指挥，完善贯彻军委主席负责制的体制机制，严格落实军委主席负责制各项制度规定。严明政治纪律和政治规矩，坚决维护党中央、中央军委权威，确保政令军令畅通。

（二）健全人民军队党的建设制度体系。全面贯彻政治建军各项要求，突出抓好军魂培育，发扬优良传统，传承红色基因，坚决抵制“军队非党化、非政治化”和“军队国家化”等错误政治观点。坚持党委制、政治委员制、政治机关制，坚持党委统一的集体领导下的首长分工负责制，坚持支部建在连上，完善党领导军队的组织体系。建设坚强有力的党组织和高

素质专业化干部队伍，确保枪杆子永远掌握在忠于党的可靠的人手中。

（三）把党对人民军队的绝对领导贯彻到军队建设各领域全过程。贯彻新时代军事战略方针，坚持战斗力根本标准，建立健全基于联合、平战一体的军事力量运用政策制度体系，构建新时代军事战略体系，加强联合作战指挥体系和能力建设，调整完善战备制度，健全实战化军事训练制度，有效塑造态势、管控危机、遏制战争、打赢战争。坚持以战领建、抓建为战，建立健全聚焦打仗、激励创新、军民融合的军事力量建设政策制度体系，统筹解放军现役部队和预备役部队、武装警察部队、民兵建设，统筹军队各类人员制度安排，深化军官职业化制度、文职人员制度、兵役制度等改革，推动形成现代化战斗力生成模式，构建现代军事力量体系。建立健全精准高效、全面规范、刚性约束的军事管理政策制度体系，强化军委战略管理功能，加强中国特色军事法治建设，提高军队系统运行效能。加快军民融合深度发展步伐，构建一体化国家战略体系和能力。完善国防科技创新和武器装备建设制度。深化国防动员体制改革。加强全民国防教育。健全党政军警民合力强边固防工作机制。完善双拥工作和军民共建机制，加强军政军民团结。

## 十二、坚持和完善“一国两制”制度体系，推进祖国和平统一

“一国两制”是党领导人民实现祖国和平统一的一项重要制度，是中国特色社会主义的一个伟大创举。必须坚持“一国”是实行“两制”的前提和基础，“两制”从属和派生于“一国”并统一于“一国”之内。严格依照宪法和基本法对香港特别行政区、澳门特别行政区实行管治，坚定维护国家主权、安全、发展利益，维护香港、澳门长期繁荣稳定，绝不容忍任何挑战“一国两制”底线的行为，绝不容忍任何分裂国家的行为。

（一）全面准确贯彻“一国两制”、“港人治港”、“澳人治澳”、高度自治的方针。坚持依法治港治澳，维护宪法和基本法确定的宪制秩序，把坚持“一国”原则和尊重“两制”差异、维护中央对特别行政区全面管治权和保障特别行政区高度自治权、发挥祖国内地坚强后盾作用和提高特别行

政区自身竞争力结合起来。完善特别行政区同宪法和基本法实施相关的制度和机制，坚持以爱国者为主体的“港人治港”、“澳人治澳”，提高特别行政区依法治理能力和水平。

（二）健全中央依照宪法和基本法对特别行政区行使全面管治权的制度。完善中央对特别行政区行政长官和主要官员的任免制度和机制、全国人大常委会对基本法的解释制度，依法行使宪法和基本法赋予中央的各项权力。建立健全特别行政区维护国家安全的法律制度和执行机制，支持特别行政区强化执法力量。健全特别行政区行政长官对中央政府负责的制度，支持行政长官和特别行政区政府依法施政。完善香港、澳门融入国家发展大局、同内地优势互补、协同发展机制，推进粤港澳大湾区建设，支持香港、澳门发展经济、改善民生，着力解决影响社会稳定和长远发展的深层次矛盾和问题。加强对香港、澳门社会特别是公职人员和青少年的宪法和基本法教育、国情教育、中国历史和中华文化教育，增强香港、澳门同胞国家意识和爱国精神。坚决防范和遏制外部势力干预港澳事务和进行分裂、颠覆、渗透、破坏活动，确保香港、澳门长治久安。

（三）坚定推进祖国和平统一进程。解决台湾问题、实现祖国完全统一，是全体中华儿女共同愿望，是中华民族根本利益所在。推动两岸就和平发展达成制度性安排。完善促进两岸交流合作、深化两岸融合发展、保障台湾同胞福祉的制度安排和政策措施，团结广大台湾同胞共同反对“台独”、促进统一。在确保国家主权、安全、发展利益的前提下，和平统一后，台湾同胞的社会制度和生活方式将得到充分尊重，台湾同胞的私人财产、宗教信仰、合法权益将得到充分保障。

### 十三、坚持和完善独立自主的和平外交政策，推动构建人类命运共同体

推动党和国家事业发展需要和平国际环境和良好外部条件。必须统筹国内国际两个大局，高举和平、发展、合作、共赢旗帜，坚定不移维护国家主权、安全、发展利益，坚定不移维护世界和平、促进共同发展。

（一）健全党对外事工作领导体制机制。坚持外交大权在党中央，加强

中国特色大国外交理论建设，全面贯彻党中央外交大政方针和战略部署。深入推进涉外体制机制建设，统筹协调党、人大、政府、政协、军队、地方、人民团体等的对外交往，加强党总揽全局、协调各方的对外工作大协同格局。加强涉外法治工作，建立涉外工作法务制度，加强国际法研究和运用，提高涉外工作法治化水平。

（二）完善全方位外交布局。坚定不移走和平发展道路，坚持在和平共处五项原则基础上全面发展同各国的友好合作，坚持国家不分大小、强弱、贫富一律平等，推动建设相互尊重、公平正义、合作共赢的新型国际关系，积极发展全球伙伴关系，维护全球战略稳定，反对一切形式的霸权主义和强权政治。坚持通过对话协商、以和平手段解决国际争端和热点难点问题，反对动辄使用武力或以武力相威胁。坚持奉行防御性的国防政策，永远不称霸，永远不搞扩张，永远做维护世界和平的坚定力量。

（三）推进合作共赢的开放体系建设。坚持互利共赢的开放战略，推动共建“一带一路”高质量发展，维护完善多边贸易体制，推动贸易和投资自由化便利化，推动构建面向全球的高标准自由贸易区网络，支持广大发展中国家提高自主发展能力，推动解决全球发展失衡、数字鸿沟等问题，推动建设开放型世界经济。健全对外开放安全保障体系。构建海外利益保护和风险预警防范体系，完善领事保护工作机制，维护海外同胞安全和正当权益，保障重大项目和人员机构安全。

（四）积极参与全球治理体系改革和建设。高举构建人类命运共同体旗帜，秉持共商共建共享的全球治理观，倡导多边主义和国际关系民主化，推动全球经济治理机制变革。推动在共同但有区别的责任、公平、各自能力等原则基础上开展应对气候变化国际合作。维护联合国在全球治理中的核心地位，支持上海合作组织、金砖国家、二十国集团等平台机制化建设，推动构建更加公正合理的国际治理体系。

## 十四、坚持和完善党和国家监督体系，强化对权力运行的制约和监督

党和国家监督体系是党在长期执政条件下实现自我净化、自我完善、

自我革新、自我提高的重要制度保障。必须健全党统一领导、全面覆盖、权威高效的监督体系，增强监督严肃性、协同性、有效性，形成决策科学、执行坚决、监督有力的权力运行机制，确保党和人民赋予的权力始终用来为人民谋幸福。

（一）健全党和国家监督制度。完善党内监督体系，落实各级党组织监督责任，保障党员监督权利。重点加强对高级干部、各级主要领导干部的监督，完善领导班子内部监督制度，破解对“一把手”监督和同级监督难题。强化政治监督，加强对党的理论和路线方针政策以及重大决策部署贯彻落实情况的监督检查，完善巡视巡察整改、督察落实情况报告制度。深化纪检监察体制改革，加强上级纪委监委对下级纪委监委的领导，推进纪检监察工作规范化、法治化。完善派驻监督体制机制。推进纪律监督、监察监督、派驻监督、巡视监督统筹衔接，健全人大监督、民主监督、行政监督、司法监督、群众监督、舆论监督制度，发挥审计监督、统计监督职能作用。以党内监督为主导，推动各类监督有机贯通、相互协调。

（二）完善权力配置和运行制约机制。坚持权责法定，健全分事行权、分岗设权、分级授权、定期轮岗制度，明晰权力边界，规范工作流程，强化权力制约。坚持权责透明，推动用权公开，完善党务、政务、司法和各领域办事公开制度，建立权力运行可查询、可追溯的反馈机制。坚持权责统一，盯紧权力运行各个环节，完善发现问题、纠正偏差、精准问责有效机制，压减权力设租寻租空间。

（三）构建一体推进不敢腐、不能腐、不想腐体制机制。坚定不移推进反腐败斗争，坚决查处政治问题和经济问题交织的腐败案件，坚决斩断“围猎”和甘于被“围猎”的利益链，坚决破除权钱交易的关系网。深化标本兼治，推动审批监管、执法司法、工程建设、资源开发、金融信贷、公共资源交易、公共财政支出等重点领域监督机制改革和制度建设，推进反腐败国家立法，促进反腐败国际合作，加强思想道德和党纪国法教育，巩固和发展反腐败斗争压倒性胜利。

## 十五、加强党对坚持和完善中国特色社会主义制度、推进国家治理体系和治理能力现代化的领导

坚持和完善中国特色社会主义制度、推进国家治理体系和治理能力现代化，是全党的一项重大战略任务。必须在党中央统一领导下进行，科学谋划、精心组织，远近结合、整体推进，确保本次全会所确定的各项目标任务全面落实到位。

制度的生命力在于执行。各级党委和政府以及各级领导干部要切实强化制度意识，带头维护制度权威，做制度执行的表率，带动全党全社会自觉尊崇制度、严格执行制度、坚决维护制度。健全权威高效的制度执行机制，加强对制度执行的监督，坚决杜绝做选择、搞变通、打折扣的现象。

加强制度理论研究和宣传教育，引导全党全社会充分认识中国特色社会主义制度的本质特征和优越性，坚定制度自信。教育引导广大干部群众认识到，中国特色社会主义制度和国家治理体系经过长期实践检验，来之不易，必须倍加珍惜；完善和发展我国国家制度和治理体系，必须坚持从国情出发、从实际出发，既把握长期形成的历史传承，又把握党和人民在我国国家制度建设和国家治理方面走过的道路、积累的经验、形成的原则，不能照抄照搬他国制度模式，既不走封闭僵化的老路，也不走改旗易帜的邪路，坚定不移走中国特色社会主义道路。

把提高治理能力作为新时代干部队伍建设的重大任务。通过加强思想淬炼、政治历练、实践锻炼、专业训练，推动广大干部严格按照制度履行职责、行使权力、开展工作，提高推进“五位一体”总体布局和“四个全面”战略布局等各项工作能力和水平。坚持党管干部原则，落实好干部标准，树立正确用人导向，把制度执行力和治理能力作为干部选拔任用、考核评价的重要依据。尊重知识、尊重人才，加快人才制度和政策创新，支持各类人才为推进国家治理体系和治理能力现代化贡献智慧和力量。

推进全面深化改革，既要保持中国特色社会主义制度和国家治理体系的稳定性和延续性，又要抓紧制定国家治理体系和治理能力现代化急需的

制度、满足人民对美好生活新期待必备的制度，推动中国特色社会主义制度不断自我完善和发展、永葆生机活力。

全党全国各族人民要更加紧密地团结在以习近平同志为核心的党中央周围，坚定信心，保持定力，锐意进取，开拓创新，为坚持和完善中国特色社会主义制度、推进国家治理体系和治理能力现代化，实现“两个一百年”奋斗目标、实现中华民族伟大复兴的中国梦而努力奋斗！

# 习近平关于《中共中央关于坚持和完善中国特色社会主义制度　推进国家治理体系和治理能力现代化若干重大问题的决定》的说明

受中央政治局委托，我就《中共中央关于坚持和完善中国特色社会主义制度、推进国家治理体系和治理能力现代化若干重大问题的决定》起草情况向全会作说明。

## 一、决定稿起草背景和考虑

我们刚刚庆祝了中华人民共和国成立 70 周年。新中国 70 年取得的历史性成就充分证明，中国特色社会主义制度是当代中国发展进步的根本保证。从党和国家事业发展的全局和长远出发，中央政治局决定这次中央全会专题研究坚持和完善中国特色社会主义制度、推进国家治理体系和治理能力现代化问题，主要有以下几方面考虑。

第一，这是实现"两个一百年"奋斗目标的重大任务。建设社会主义现代化国家、实现中华民族伟大复兴，是我们党孜孜以求的宏伟目标。自成立以来，我们党就团结带领人民为此进行了不懈奋斗。随着改革开放逐步深化，我们党对制度建设的认识越来越深入。1980 年，邓小平同志在总结"文化大革命"的教训时就指出："领导制度、组织制度问题更带有根本性、全局性、稳定性和长期性。""制度好可以使坏人无法任意横行，制度不好可以使好人无法充分做好事，甚至会走向反面。"1992 年，邓小平同志在南方谈话中说："恐怕再有三十年的时间，我们才会在各方面形成一整套更加成熟、更加定型的制度。"党的十四大提出："在九十年代，我们要初步建立起新的经济体制，实现达到小康水平的第二步发展目标。再经过二十年的努力，到建党一百周年的时候，我们将在各方面形成一整套更加成熟更加定型的制度。”党的十五大、十六大、十七大都对制度建设提出明确要求。

党的十八大以来，我们党把制度建设摆到更加突出的位置，强调“全面建成小康社会，必须以更大的政治勇气和智慧，不失时机深化重要领域改革，坚决破除一切妨碍科学发展的思想观念和体制机制弊端，构建系统完备、科学规范、运行有效的制度体系，使各方面制度更加成熟更加定型”。党的十八届三中全会首次提出“推进国家治理体系和治理能力现代化”这个重大命题，并把“完善和发展中国特色社会主义制度、推进国家治理体系和治理能力现代化”确定为全面深化改革的总目标。党的十八届五中全会进一步强调，“十三五”时期要实现“各方面制度更加成熟更加定型，国家治理体系和治理能力现代化取得重大进展，各领域基础性制度体系基本形成”。

党的十九大作出到本世纪中叶把我国建成富强民主文明和谐美丽的社会主义现代化强国的战略安排，其中制度建设和治理能力建设的目标是：到2035年，“各方面制度更加完善，国家治理体系和治理能力现代化基本实现”；到本世纪中叶，“实现国家治理体系和治理能力现代化”。党的十九届二中、三中全会分别就修改宪法和深化党和国家机构改革作出部署，在制度建设和治理能力建设上迈出了新的重大步伐。党的十九届三中全会指出：“我们党要更好领导人民进行伟大斗争、建设伟大工程、推进伟大事业、实现伟大梦想，必须加快推进国家治理体系和治理能力现代化，努力形成更加成熟更加定型的中国特色社会主义制度。这是摆在我们党面前的一项重大任务。”现在，我们党有必要对坚持和完善中国特色社会主义制度、推进国家治理体系和治理能力现代化进行系统总结，提出与时俱进完善和发展的前进方向和工作要求。

第二，这是把新时代改革开放推向前进的根本要求。在改革开放40多年历程中，党的十一届三中全会是划时代的，开启了改革开放和社会主义现代化建设历史新时期；党的十八届三中全会也是划时代的，开启了全面深化改革、系统整体设计推进改革的新时代，开创了我国改革开放的新局面。党的十八届三中全会推出336项重大改革举措。经过5年多的努力，重要领域和关键环节改革成效显著，主要领域基础性制度体系基本形成，为推进国家治理体系和治理能力现代化打下了坚实基础。同时，也要看到，这些改革举措有的尚未完成，有的甚至需要相当长的时间去落实，我们已经啃下了不少硬骨头但还有许多硬骨头要啃，我们攻克了不少难关但还有许多难关要攻克，我们决不能停下脚步，决不能有松口气、歇歇脚的想法。我在庆祝改革开放40周年大会上强调，要“坚持方向不变、道路不偏、力度不减，推动新时代改革开放走得更稳、走得更远”。这就要求从全面建设社会主义现代化国家的战略需要出发，对全面深化改革工作进一步作出部署。

相比过去，新时代改革开放具有许多新的内涵和特点，其中很重要的一点就是制度建设分量更重，改革更多面对的是深层次体制机制问题，对改革顶层设计的要求更高，对改革的系统性、整体性、协同性要求更强，相应地建章立制、构建体系的任务更重。新时代谋划全面深化改革，必须以坚持和完善中国特色社会主义制度、推进国家治理体系和治理能力现代化为主轴，深刻把握我国发展要求和时代潮流，把制度建设和治理能力建设摆到更加突出的位置，继续深化各领域各方面体制机制改革，推动各方面制度更加成熟更加定型，推进国家治理体系和治理能力现代化。

第三，这是应对风险挑战、赢得主动的有力保证。古人讲，“天下之势不盛则衰，天下之治不进则退”。当今世界正经历百年未有之大变局，国际形势复杂多变，改革发展稳定、内政外交国防、治党治国治军各方面任务之繁重前所未有，我们面临的风险挑战之严峻前所未有。这些风险挑战，有的来自国内，有的来自国际，有的来自经济社会领域，有的来自自然界。我们要打赢防范化解重大风险攻坚战，必须坚持和完善中国特色社会主义制度、推进国家治理体系和治理能力现代化，运用制度威力应对风险挑战的冲击。

基于上述考虑，今年2月28日、3月29日，中央政治局常委会、中央政治局先后召开会议，决定党的十九届四中全会专题研究坚持和完善中国特色社会主义制度、推进国家治理体系和治理能力现代化问题，并决定成立文件起草组，在中央政治局常委会领导下进行文件起草工作。

## 二、起草过程

今年4月3日，文件起草组召开第一次全体会议，文件起草工作正式启动。4月7日，党中央发出通知，就全会议题征求各地区各部门意见和建议。各方面共反馈意见109份，大家就坚持和完善中国特色社会主义制度、推进国家治理体系和治理能力现代化的重大成就和历史经验、必须坚持的重大原则和根本制度、基本制度、重要制度以及面临的主要问题和重大任务、需要采取的重要举措等提出了不少有价值的意见和建议。

各方面认为，在庆祝中华人民共和国成立70周年之际，党的十九届四中全会重点研究坚持和完善中国特色社会主义制度、推进国家治理体系和治理能力现代化问题并作出决定，体现了党中央高瞻远瞩的战略眼光和强烈的历史担当，对决胜全面建成小康社会、全面建设社会主义现代化国家，对巩固党的执政地位、确保党和国家长治久安，具有重大而深远的意义。

文件起草组成立6个多月来，认真研读相关重要文献，系统总结我国革命、建设、改革进程中的制度演变、制度创新，特别是深入总结党的十八大以来党中央领导全党全国人民坚持和完善中国特色社会主义制度，推进国家治理体系和治理能力现代化取得的重大理论成果、实践成果、制度成果，整理消化各方面反馈的意见和建议，开展专题研究，反复讨论修改决定稿。

根据中央政治局会议决定，9月初，决定征求意见稿下发党内一定范围征求意见，包括征求部分党内老同志意见。各方面认真组织学习讨论，各地区各部门共反馈意见118份。9月25日，我主持召开党外人士座谈会，当面听取了各民主党派中央、全国工商联负责人和无党派人士意见，与会同志提交了10份发言材料。

文件起草组对收到的所有意见和建议进行了认真整理。经汇总，各方面共提出修改意见1948条，扣除重复意见后为1755条，其中原则性意见

380 条，具体修改意见 1375 条。

从征求意见反馈情况看，各方面对决定稿给予充分肯定。大家一致认为，决定稿准确把握我国国家制度和国家治理体系的演进方向和规律，突出坚持和完善党的领导制度，抓住了国家治理的关键和根本；突出守正创新、开拓进取，彰显了中国特色社会主义制度自信；突出系统集成、协同高效，体现了强烈的问题导向和鲜明的实践特色。决定稿回答了“坚持和巩固什么、完善和发展什么”这个重大政治问题，既阐明了必须牢牢坚持的重大制度和原则，又部署了推进制度建设的重大任务和举措，坚持根本制度、基本制度、重要制度相衔接，统筹顶层设计和分层对接，统筹制度改革和制度运行，体现了总结历史和面向未来的统一、保持定力和改革创新的统一、问题导向和目标导向的统一，必将对推动各方面制度更加成熟更加定型、把我国制度优势更好转化为国家治理效能产生重大而深远的影响。

在征求意见过程中，各方面提出了许多好的意见和建议，主要有以下几个方面。一是建议在概括出的我国国家制度和国家治理体系的显著优势中，增写全面深化改革、全面依法治国的内容。二是建议对完善科技制度加以突出强调，以充分发挥科技创新引领作用。三是建议更加重视保障粮食安全、乡村振兴、农业农村优先发展等重要制度安排。四是建议更加重视运用人工智能、互联网、大数据等现代信息技术手段提升治理能力和治理现代化水平。五是建议围绕坚持党管干部原则，就完善干部管理制度、激励干部担当作为和狠抓落实、培养干部斗争精神和斗争本领提出要求。六是建议加强我国国家制度和国家治理体系的理论研究和宣传教育。七是建议把贯彻落实这次全会精神同推动党的十八大以来党中央部署的各项改革任务紧密结合起来，形成一体推动、一体落实的整体部署和工作机制。

党中央责成文件起草组认真研究和吸纳各方面意见和建议。文件起草组逐条分析各方面所提意见和建议，力求做到能吸收的尽量吸收。经反复研究推敲，对决定稿作出增写、改写、文字精简 283 处，覆盖各方面意见和建议 436 条。

决定稿起草期间，中央政治局常委会召开 3 次会议，中央政治局召开 2

次会议进行审议，形成了提交这次全会审议的决定稿。

## 三、决定稿的基本框架

决定稿总体考虑是，紧扣“坚持和完善中国特色社会主义制度、推进国家治理体系和治理能力现代化”这个主题，从党的十九大确立的战略目标和重大任务出发，着眼于坚持和巩固中国特色社会主义制度、确保党长期执政和国家长治久安，着眼于完善和发展中国特色社会主义制度、全面建设社会主义现代化国家，着眼于充分发挥中国特色社会主义制度优越性、推进国家治理体系和治理能力现代化，全面总结党领导人民在我国国家制度建设和国家治理方面取得的成就、积累的经验、形成的原则，重点阐述坚持和完善支撑中国特色社会主义制度的根本制度、基本制度、重要制度，部署需要深化的重大体制机制改革、需要推进的重点工作任务。

决定稿由 15 部分构成，分为三大板块。第一板块为第一部分，是总论，主要阐述中国特色社会主义制度和国家治理体系发展的历史性成就、显著优势，提出新时代坚持和完善中国特色社会主义制度、推进国家治理体系和治理能力现代化的重大意义和总体要求。第二板块为分论，聚焦坚持和完善支撑中国特色社会主义制度的根本制度、基本制度、重要制度，安排了 13 个部分，明确了各项制度必须坚持和巩固的根本点、完善和发展的方向，并作出工作部署。第三板块为第十五部分和结束语，主要就加强党对坚持和完善中国特色社会主义制度、推进国家治理体系和治理能力现代化的领导提出要求。

希望同志们深刻领会党中央精神，紧紧围绕“坚持和巩固什么、完善和发展什么”进行讨论，提出建设性的修改意见和建议，共同把这次全会开好。

（新华社北京 11 月 5 日电）

《人民日报》（2019 年 11 月 6 日 4 版）